我开始运动的理由

STARK HELA LIVET

[瑞典]卡尔·约翰·松德贝里 * * * [瑞典]杰茜卡·诺尔布姆 著　　虞军 译

九州出版社
JIUZHOUPRESS

目录

前言

强健的一生

你是否知道，仅仅一次运动就能使你的血压连续下降，还可以降低你患上痴呆和抑郁症的风险？可以说，运动是唯一真正可以使人"返老还童"且没有副作用的良药。

翻开这本书的你可能很想知道如何才能让身体更接近年轻状态，比现在更精力充沛、更强健有力；你也可能会对运动能在何种程度上影响身心健康心存怀疑，包括降低罹患各类疾病的风险和改善日常的身心体验。

人类的身体就是为运动而生的，无论是身体还是心灵都会从运动中受益。人类似乎也是为数不多的会因静止不动而感到不适的灵长类动物之一。我们依靠身体活动来感受身心是否舒畅。你的身体渴望运动，尽管你的大脑并不总有相同的感觉。

但不要气馁！无论是什么运动都可以，不必拼命锻炼，健身过程也无须太长或过于复杂，更不要觉得为时已晚。事实上，身体的任何部分如果想变得更强壮并获得更多正向反馈，任何时候开始都不算晚。研究表明，60~75岁的老年人开始进行力量训练后，仅仅几个月就会变得更强健。即使是以往不爱动以及年长的人群，训练都可以使他们的肌肉力量增加几乎一倍。

不过能把运动这件事做对却并非易事。我们被关于运动的各种信息淹没，几乎每天你都能在新闻头条或各类媒体上读到延长寿命或保持身心健康的"秘诀"。想要在信息丛林中找对路并不容易 —— 知道哪些信息基于事实，哪些是想当然，这相当困难。在这本书中，我们将从科学依据出发，分享我们收集到的研究成果，帮你打下一个坚实的认识基础。同时我们还会介绍一些关于健康和运动的令人振奋的新发现。

我们是生理学研究者，研究的对象是健康人体的各项机能。我们热衷于分享身体的神奇之处，探索为什么运动和锻炼可以让人保持健康的身体状态。整个人体 —— 我们的器官和组织在你运动时都会主动感知、适应，以便更好地发挥其效能，即使在你年老时也依然如此。积极地投入运动，整个身体就会更为强健，继而可以完成更多的事，而你亦能从生命中获益更多。

杰茜卡·诺布姆

卡尔·约翰·桑伯格

第一章

为减龄而运动

　　毫无疑问，衰老和长寿都是人们关心的话题。许多人都希望长久地活着，想寿命超过 100 岁。虽然人们希望长寿，但很少有人希望在身体虚弱和大脑不灵光的情况下长命百岁。这时就该让运动出场了——对于我们拥有的唯一一具身体，以它所需要的方式训练它，让它在我们的一生中保持功能正常、保持强壮。生命在于运动，只要运动，你的器官和组织功能便会更加优秀。

运动——一种神奇的疗愈法

有很多因素会影响身体健康，这些因素包括是否吸烟、喝什么饮料、运动量的多少等。书里我们会将重点放在身体活动上，了解如何通过定期运动来提升健康并让自己感觉良好。运动和锻炼对于那些想要拥有更年轻、更有活力的身体的人来说，真的是一种神奇的疗愈法。我们的身体是为了运动而生的，运动会延缓衰老过程，使你更强壮、更快乐、更健康，并为老后的日子做好准备。

常锻炼的人可以多活 5 年

经常锻炼的人比完全不锻炼的人平均寿命要长 5 年以上。任何时候开始运动都为时不晚。当你开始运动时，日常琐事处理起来会更轻松，比如将一大袋食物拎回家，把重物放在高处的架子上。你还能长距离散步，有更多精力投入社交和业余爱好。

运动的好处包括：

- 增强幸福感

- 更高的生活质量

- 更好的记忆力

- 处理日常事务时不觉得吃力

- 增强手臂和腿的力量

- 更好的抗压能力

- 更愉悦的心情

- 更具活力

- 患多种疾病的风险降低

运动不仅会影响身体健康，也关系到精神健康：如何感知自己，怎样思考，如何应对压力、学习新事物以及如何与其他人相处。科学证明，运动对缓解焦虑和抑郁均有效果，对于其他很多病症，它与药物治疗同样有效。

然而在现实中，我们的身体活动实在少得可怜。现代社会里的大多

约翰：85 岁，运动对我很有意义

约翰从年轻时就长时间身处大自然中，他的一生几乎都是在运动中度过的。他很早就爱上了运动，体会到了其意义：

"这已经成为一种习惯，而绝不是某种强迫。我现在日常的运动包括长时间的手杖徒步健走和在健身馆健身。五六年前，我认为自己需要保持反应能力，于是就打起了网球。通过练习，我已经可以每周参加 1次 2~3 个小时的双打比赛了。打网球还有社交属性。运动在多方面影响了我：幸福感、生活质量、对自己能力的信心、身体敏捷度以及身心平衡。不过，锻炼只是生活的一部分，生活中各个部分需要相互配合，不同事务之间也要达成平衡才行。"

数人生活有序，有充足的食物，出行乘坐公共汽车和汽车，上下楼使用电梯和自动扶梯。当然，这些都使我们的生活变得更轻松、更舒适了，但同时也意味着日常的身体活动越来越少，这为我们的健康带来了巨大冲击。

隔天一次的运动良药

也许你以为必须做大量运动才能获得效果，但情况并非如此。事实上，仅仅一次运动就可以带来积极的身体感受。一方面，大脑功能——如记忆力、学习能力、意识、语言和判断力——得到改善；另一方面，对血压和血糖也会产生积极影响。一次运动之后，效果可以持续几天。对很难定期锻炼的人而言，这一事实还是令人欣慰的。

举例来说，如果你在早上做了有氧运动，那么血压会在之后的 12 个小时内持续降低。良好的血压每时每刻都对你的心脏和血管有好处。如果你想重复这一效果，就需要再次锻炼。而为了使这一效果长期持续，运动便会成为你生活方式的一部分。

这是很有价值的事！如果你每隔一天便吃一颗运动的良药，在上一个"疗程"的效果快要消失之时再度补充，那么你患上当今几种最常见的生活方式疾病的风险就会降低，例如 2 型糖尿病、中风、乳腺癌或结肠癌等。

一旦开始付诸行动，你很快便会感受到运动带来的诸多积极效果。你会注意到自己精力更充沛，身心感觉更舒畅，甚至感觉自己更年轻了。此外，运动也可以成为一项重要的社交活动，和喜欢的人一起运动，还有益健康。

在讨论如何延缓衰老之前，让我们先一起走近衰老背后的奥秘。

玛丽亚：49 岁，运动必须有乐趣！

玛丽亚在 30 岁以前，对锻炼完全提不起兴趣。虽然她曾认真地运动了一段时间，但并没有感到特别有趣，也没有坚持下去。

你开始运动的原因是什么？

怀孕后（她有两个孩子，分别是 11 岁和 13 岁），我很难恢复自己的"正常"体重。许多热心人满怀信心地告诉我，通过推婴儿车散步能解决这个问题。但这对我完全无效。恰恰相反，我变得越来越胖，背部的疼痛也日渐恶化。疼痛是在有了年幼的孩子、工作变得难以掌控的情况下发生的。当时自己的身体状况也相当差，工作量很大，经常出差，压力不小，根本没有把自己的身体放在生活的首要位置。我习惯于不规律的生活，吃得少，身体活动也极少。和幼子一起生活也打破了以往的生活方式。后来我有机会参加了一次与工作有关的课程学习，收获了重大的认知改变。不得不说课程的教练非常出色，他在每个主题的课程结束时都会顺便问我是否还有什么想参与的。我想了想，说我希望能掌控自己的健康，还想减肥。教练接着问："那么是什么阻碍了你？"就在那时，我下定决心开始了一个新的生活方式，一直持续到现在，一秒钟也未曾后悔过。

你是如何持续保持动力的？

对我来说，这是几方面相互作用的结果。首先，我之前的状态非常糟糕，疲惫不堪，还伴有背部疼痛，整个人精力匮乏。当我开始减肥并运动时，感觉如此良好，简直令人难以置信。重新陷入以往的生活习惯对我来说已无可能。运动为工作、朋友、家庭和良好自我感受之间的平衡创造了更多空间。这时，正好我和四个童年时期的朋友打赌，要完成一次瑞典古典四项赛[1]。不过我们在一开始时实际上只参加了半程赛，因为我们还没学会骑自行车和游泳。这一过程极其有趣，我们一起训练，一起参加技能训练营和赛事旅行，发现运动还是一种特别好的社交方式。在年度半古典赛结束时，我们已经在装备上投入了不

1　这个比赛包括 60~90 千米的越野滑雪，300 千米的自行车骑行，3 千米开放水域的游泳以及 30 千米的越野跑，全部完成后会将获得完赛证书。——译者注（若无特别说明，本书注释均为译者注）

小一笔钱，加上彼此都觉得乐趣无穷，于是我们计划完成一次完整的古典四项赛。在一年的赛事过后，我们开始沉迷于耐力运动，继续报名了各项比赛，有马拉松等长距离比赛，还有山地自行车和游泳跑[1]，以此来挑战身体的极限。

你在做哪些运动，运动量有多大？

我最热爱的是游泳跑，所以运动主要是跑步和游泳。为了在跑步时不受伤，我还开始了从前觉得最无聊的力量训练。不过现在我有动力去做力量训练了，因为它能保护我，让我从事自己热衷的运动时不受伤害。冬天时，我还会去越野滑雪。平均而言，我每周训练 3~6 次，这取决于我正处在比赛阶段还是休养期。有时我也做交叉训练：白天工作间隙做力量训练，晚上做有氧运动。我还发现徒步也非常有吸引力，并鼓励家人也对此产生兴趣。

运动对你有什么重要影响吗？

运动使一切都变得不同！对我生活的各个方面都有积极的影响。我更有活力了，无论是工作还是休闲时，都觉得头脑更清醒，睡眠也更好，多数食物都可以尽情享用。当我提到自己明年就要满 50 岁时，许多人都认为我在开玩笑，这也是运动带来的意外惊喜！而运动中最有趣的部分是参加一些极度疯狂的体能挑战，我的头脑和身体都感受到了其带来的喜悦，这对我的内心而言更是注入了一剂强心针。我认为运动对人际关系也有积极的贡献，包括我与朋友、工作伙伴以及家庭成员的关系。我们一起运动，一起分享奇妙的经历，这就是有质量的生活！

你所处的环境对运动有什么影响？

我周围有很多人都在运动，而且大家的锻炼方式非常相似，运动已成为一种生活方式。我们相互鼓励、相互促进。也有朋友想知道我是如何做到的，因为他们还没有找到开始的动力，或者没有保持下去的动力。不过我的方式并不适合所有人，每个人都要找到自己的驱动力从而坚持运动。运动必须有乐趣，否则便很难坚持。

1　一种极限挑战运动，包括至少 2 次的户外游泳和越野跑，二者交替进行。

衰老之谜

　　为什么有些人似乎不会变老，而有些人却未老先衰了呢？你可能在报纸上看到过某个眼神明亮、脸色红润的强健老者，尽管已年过九旬，但仍然打算在今年再次参加瓦萨越野滑雪[1]；或者也见过那位参加了 40 次瓦萨越野滑雪的 71 岁女士。与此同时，也不难见到某位只有 47 岁的女士，由于体重超标，爬个楼梯都会气喘吁吁。衰老对于个体来说确实不尽相同。

　　尝试解释什么是衰老以及为什么我们会变老，其困难和复杂程度不亚于去解释什么是生命。我们知道，所有的生物体迟早都会死亡，但生物体之间为什么会出现如此大的个体差异还是个未解之谜。尽管已经有诸多关于年龄增长导致身体内部发生何种变化的理论，以及衰老如何影响我们的结论，但我们可能永远也不会完全理解是什么最终决定了一个人的寿命。衰老之所以如此复杂，原因之一是它涉及了太多人体组织和体内过

1　一项传统的瑞典滑雪赛事，全程约 90 千米，根据自身条件也可以选择参加半程。

程，要厘清每个部分对衰老所起的作用，其实颇为困难。我们知道，生活方式、教育水平和财务状况同样也会影响我们的寿命，这些因素在某种程度上是可控的。另外，影响寿命的因素还包括遗传和日常所处的环境。

然而解释人类为什么会衰老的各类说法仍然层出不穷。一些产品广告声称可以通过对抗自由基来延缓身体衰老的过程。但不管这类产品花了多少广告费，目前仍然没有证据表明某种特定的补充剂、面霜或任何产品可以防止衰老。不管广告如何宣传一些外在的微小差异，都与影响寿命的身体内部进程毫无关系。

众生皆会老

我们并不清楚为什么某些动物的寿命可以远超 100 年，而有些动物只能活几年。一个常见的看法是，大型动物会比小型动物的寿命更长，但也有例外，例如猫的寿命一般比狗长，尽管猫的个头一般比狗要小。即使是同一物种，这一理论也不完全适用，例如人类中个子高的人并不一定会比个子矮的人长寿。另一个观点认为，脑容量大的动物寿命更长。对此的一种解释是，脑容量大的动物可以应对更严酷的挑战，从而找到可能缩短其寿命的问题的解决办法。

衰老在不同的人身上快慢不同，具体过程也因人而异，身体的不同组织之间也存在差异。假使衰老仅影响身体的一个部分，如心脏，那我们可能已经确切知道衰老机制是什么了。一些衰老过程是肉眼可见的，如头发变白和产生皱纹；一些衰老过程在表面上并不明显，我们可以感觉到它们正在发生，如视力可能会随着眼球晶状体的硬化而衰退，你会感到早晨想要看清报纸上的内容变得越来越困难；而如果衰老发生在身体的内部器官，则很难被感知到。

针对人类衰老的研究很难进行，因为这是一个极其缓慢的过程。研究和了解一种药物是否可以延长寿命可能需要几十年的时间。同时，清楚说明衰老的研究结果也非易事，因为衰老受到许多不同因素的影响。那么，对于是药物还是其他原因延长了寿命这个问题，我们能否有确定的答案呢？

纵观历史，人们看待衰老的方式并不相同。在 19 世纪 90 年代，一位名叫魏斯曼[1]的科学家曾提出，人类的衰老是为了造福于这个物种，而非个人。他认为失去繁殖能力的年长者被自然淘汰，是为了不与年轻一代争夺食物和生存资源。衰老减轻了年轻一辈繁衍和生存的负担，因此，衰老对于个体来说是坏事，但对整个人类而言却是件好事。在动物界也是如此，除了圈养的动物，很少有动物能活到自然老去。人类之所以会活到自然死去，得感谢我们创造出的智慧、文化和科技，以及相互之间的关照。

我们还确切地知晓，任何年龄段的人，只要进行锻炼，就会更长寿，有更多精力，身心更舒畅。这也是我们写这本书的原因之一。

人类不会长生不老

人类能不能有朝一日变成不死之躯，从而长生不老？这个问题的答案可不简单。有关衰老的理论都明确认为人类不可能长生不老。不过这些理论组合起来解释了可能导致我们衰老的原因。让我们先从基因和端粒[2]的重要性说起。根据遗传学理论，每一个个体都有一段限定的存活时间，如同一个生物时钟，或多或少地预先设定了寿命。我们已经知道遗传因素对寿命长短起着一定的作用，但并不知道它们起了多大的

1　指德国进化生物学家奥古斯特·魏斯曼（August Weismann）。
2　指真核生物染色体末端的一小段脱氧核糖核酸-蛋白质复合体，其作用是保持染色体的完整性和控制细胞分裂周期。

作用。基因片段是一种模板或蓝图，说明了人体内蛋白质的表达。基因由脱氧核糖核酸（DNA）组成，存在于细胞核的染色体中。但不存在单一的、可研究的衰老基因，因为衰老是在诸多不同基因的共同作用下发生的。更重要的是，我们无法改变自己已有的基因，因为它们来自遗传。对北欧地区双胞胎的研究显示，遗传在个体寿命长短差异的影响因素中占比25%。在许多研究中，与存活和长寿最明显相关的单一基因是载脂蛋白E——一种可能增加阿尔茨海默病风险的蛋白质，它还参与血脂的调节，因此也可能增加心肌梗死和中风的风险。遗传风险是指基因的遗传变异给不同人带来的罹患特定疾病的风险。如果一个人拥有不利的遗传变异，那么患上某种疾病的风险就可能会增高。

在人体细胞中有一定数量的细胞具有分裂能力，其数量是由基因预先设定的。根据端粒理论，寿命较短的动物所拥有的可分裂细胞数量比寿命较长的动物要少。在我们的身体里，不同类型的细胞有不同的寿命。血液中携带氧气的红细胞的寿命约为120天，皮肤细胞的寿命则更短。而绝大多数的脑细胞根本不分裂——在存活期间从未分裂过。

端粒是基因组中每条染色体最末端的结构，它们对保护基因组颇为重要。有研究表明，端粒的长度与年龄有关，人体细胞分裂的次数越多，端粒就越短。当端粒变得过短时，就不再能保护基因组。

因此长端粒对人体是有益的，但不同的人天生具有不同长度的端粒。动物研究表明，活得久的动物在生命早期就具有较长的端粒。另外几项研究表明，坚持运动的人所拥有的端粒也更长，因而运动是延缓衰老的有益因素。不过，遗传理论只能解释部分而非全部的衰老之谜，那么其他的身体内部机制呢？

一些生物化学理论认为，细胞中的随机错误会在整个生命过程中不断积累，直到细胞本身无法修复所有错误为止，这就是导致我们在变老时身体功能恶化的原因。其中一个例子就是软骨，它会随着时间推移而磨损，最终丧失吸收外部冲击力的功能，这便是导致骨关节炎的原因。在细胞老化的同时，有缺陷的细胞组成部分也会不断累积，起过一定数量时，细胞就会受损死亡。就像粥样斑块在已经出现动脉粥样硬化的血管壁上堆积时，也会发生这样的情况，这会导致血管变窄并增加心肌梗死的风险。最后一个例子是糖尿病，如果没有得到恰当的治疗，体内的血糖水平就会高于正常值，这可能导致细胞和血液中的物质"糖化"，并损害细胞和血液功能。以上这些例子以及其他相关的身体变化都会加速衰老，不过，可以通过定期运动在一定程度上延缓衰老。

细胞和组织的结构还会受到自由基的影响和损害。自由基是在人体吸入氧气时，由部分氧气在细胞内的小型发电厂——线粒体中转化而成的。自由基会损害蛋白质和基因组结构，从而导致疾病和衰老。如果你从不运动，那么体内就会形成更多的自由基。吸烟和太阳中的紫外线也会让人体内产生更多的自由基。好在人体内有一个天然的防御系统，可以中和自由基并修复其造成的损害。抵抗自由基的分子被称为抗氧化剂，存在于我们日常的食物中，也会在人体内产生。

如果仅凭近年来的广告宣传和媒体文章，人们可能会将自由基完全视作负面的，认为其只会导致疾病。事实并非如此，我们也是需要自由基的，因为它们在细胞的新陈代谢和信号传递中发挥着关键作用。当你运动时，肌肉会产生大量自由基，不过它们是身体向肌肉发出的信号的一部分，表明我们正在运动，并以此调控运动效果。运动得越多，体内就会产生越多的抗氧化物质，受损的线粒体会得到清除，并被新的线粒体取代。

除非你确实缺乏某种元素，否则吃含有抗氧化剂的营养补充剂并不会起到额外的积极作用。这还是一项不必要的开支，因为你本可以通过运动自然地恢复活力，同时得到其他的好处。

另一个可能对延缓衰老起着重要作用的物质是干细胞，它们存在于体内所有的组织和器官中，可以说是身体的修复系统。干细胞的独特之处在于，它们可以分化成几种不同的细胞类型。干细胞随时处于一种等待激活的状态，并在需要时，如受伤时，作为后备细胞介入，帮助组织保持健康和发挥功能。关于衰老的一种理论是，随着年龄的增长，干细胞会逐渐降低效率，这意味着年长时身体不再像年轻时那样，在受伤后能迅速修复组织。

存在于骨骼肌中的干细胞被称为卫星细胞，它们紧挨着肌肉细胞。卫星细胞在受伤时被激活，促进伤口修复和愈合，同时对运动后的肌肉生长也相当重要。如果你勤于锻炼，就能使卫星细胞活跃起来，产生一个正向循环，让卫星细胞帮助肌肉变得更强大、更有力。

身体的其他地方也存在着干细胞，它主要产生于骨髓，释放于血液中，并参与循环。干细胞有助于形成新的微血管和其他组织。如果你经常做有氧运动，其效果之一便是在造血干细胞的帮助下，会形成更大的微血管网络。近几十年来的研究表明，新的神经元之所以能在大脑中形成，也部分归功于干细胞。这意味着，干细胞可能对学习的过程和心理健康都发挥着作用。

你的体重，尤其是体脂量，也与衰老有关。在一些动物实验中，给动物喂食更少反而会增加它们的寿命。不过这并不是说你得忍饥挨饿，毕竟目前并不清楚这些动物实验是否可以直接用来解释人类寿命。然而我们确切地知道，吃得多、动得少对人类没有好处，因为这会增加体重。

过多的脂肪，特别是堆积在腹部的脂肪会增加一个人患上许多常见疾病的风险，如心血管疾病、2 型糖尿病和某些癌症。

蓝色地带的长寿秘诀

完全破解长寿之谜或阻止衰老的脚步在现阶段可能还只是个理想。

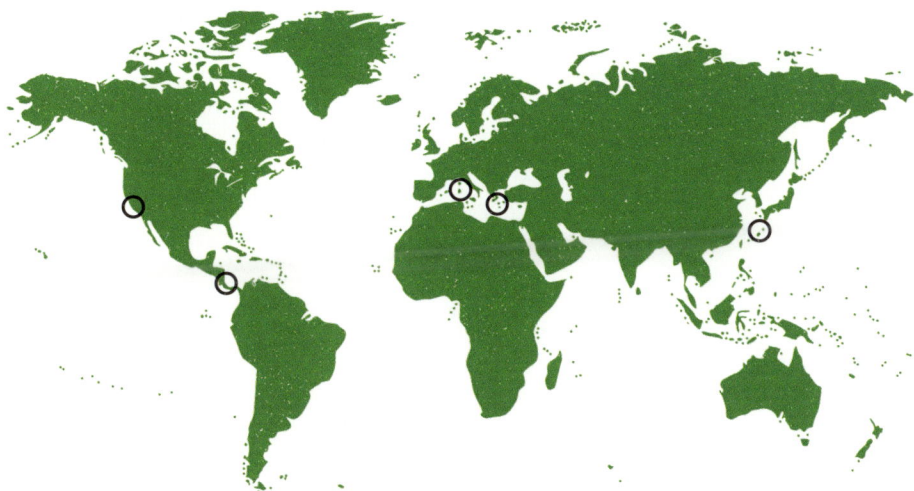

全球"蓝色地带"的分布：洛马林达、哥斯达黎加、撒丁岛、伊卡利亚岛和冲绳。居住在这些地方的人平均寿命比其他地方的人更长。

但毫无疑问，健康的生活方式和长寿之间有着明确的关联。世界上有些地方的居民比人类平均寿命更长，这些地方通常被称为"蓝色地带"。

自由基对运动反应相当重要

在 2009 年的一项研究中，54 名男性和女性持续 11 周每天服用 1000 毫克的维生素C（大约是普通泡腾片一片的含量）和 235 毫克的维生素E。维生素C 和 E 是两种抗氧化剂。对照组则用糖丸代替以上两种维生素。成人每日维生素C 的建议摄入量为 75 毫克，因此 1000 毫克是一个超量值，但由于维生素C 是水溶性的，因此多余的数量可以随尿排出。同时该研究的参与者每周做 3~4 次耐力训练。事实证明，与服用糖丸的对照组相比，服用维生素补充剂的组别中参与者的部分肌肉功能会更差。据推测，这是因为自由基在某些情况下是必要的。自由基会告诉肌肉它们正在运动，而抗氧化剂似乎使得这些信号静默了。这个例子表明，任何事都不能一概而论，自由基也并不只对我们有害。

那么这些地方是否会存在着长寿的线索？

哥斯达黎加、意大利的撒丁岛、希腊的伊卡利亚岛和日本的冲绳等地都是蓝色地带。相比于其他地区，居住在这些地方的人较少受到生活方式类疾病的折磨，而生活方式类疾病是世界上其他地区的人们常见的致死原因。仔细观察蓝色地带居民的生活方式，你会发现他们：

- 身体活动很多
- 不吃得过饱
- 食物中素食比例很高
- 不吸烟
- 社交活动和人际交往频繁
- 少量或适量饮酒
- 不会给自己太多压力

如果按他们的方式生活，我们多数人的身心也会更加健康。如果每个人都这么生活，可能也会更长寿。对于很多人来说，主要的问题不是食物太少，而是太多。源源不断且唾手可得的高热量食品使得我们无法健康饮食，同时运动量也不够。

你的年龄无法说明健康状况

无论背后原因是什么，随着时间流逝，人终将老去。我们惯于根据年龄大小，也就是活了多少岁来对人们进行分组。对于什么时候步入中年，以及达到什么年龄才能被称为老年人，其实存在着许多不同的定义。有一种定义将 65 岁以上的人算作老年人口，与常见的退休年龄相吻合。再细分一下，我们可以将 65 至 74 岁人群视作"低龄"老年人，75 至 84 岁人群划分为老年人，85 岁以上人群划分为"高龄"老年人。

斯蒂格：80 岁才开始运动

82 岁的斯蒂格证明了经常锻炼的生活方式可以带来不同感受。两年前，他开始认真锻炼身体。而促使他这样做的原因是在 80 岁时受到健身书籍和杂志的启发。除了锻炼外，他同时也改变了饮食习惯，开始吃以蔬菜和鱼类为主的食物。

尽管斯蒂格年轻时非常爱动，他在农场工作，会滑雪、骑自行车或步行 18 千米去学校，但在工作后却没有怎么运动。这两年多来，斯蒂格一直按照设定的运动计划有规律地进行锻炼。这个计划包括每天在跑步机上快步走 10~15 分钟，每天 2 次爬上 10 层楼（共 160 级台阶），一周 5 天每天做 2 次平板支撑，还通过 4 种不同的哑铃力量练习来强化肩部和上身的力量。他现在还打算增加俯卧撑和背部练习，以进一步加强核心肌群的力量。除了这些以外，斯蒂格还不时去户外散步。

"我感觉好多了，身体没有不舒服，还觉得自己很健康。我的血液检查结果也不错，血压是 130/75 毫米汞柱。我觉得精神很好，确信自己在做对的事。我一直坚持锻炼的原因是我感觉越来越好，体重轻了下来，肚子变小了——这都是肉眼可见的效果。我女儿是一名医生，她说我看起来精神又健康，这种感觉很棒。"

实际上，这种仅仅基于一个人活了多少年而进行的生命阶段划分，是一种对于生命和身体的刻板认知。你可能已经 74 岁了，但日常生活非常活跃，既忙于打高尔夫球、游泳、旅行，还能与孙辈们玩耍，生活很愉快，身体从未限制你的活动。而你的一位朋友，尽管比你年轻几岁，却过着某种与你截然不同的生活。他因为骨关节炎而行动不便，同时体重超标，饮食习惯也不健康。虽然这个例子举得比较粗线条，但却表明年龄往往不能说明我们实际的生活感受和自我认知。虽然同一年龄段的人在衰老方面可能有很多共同点，但人与人之间存在的差异很大。没错，你所感知的年龄远不止是个数字！

从生物学角度，是否可以说当今 60 岁老人比 50 年前的同龄人年轻？答案是肯定的。无论如何，很多证据表明，当今的老年人比几十年前同龄人的身体健康状况要好。有研究显示，同样到了 75 岁，1930 年出生的人在步行速度上比 1911—1912 年出生的人走得更快，也能保持更好的平衡感和肌肉力量，同时也会更积极地进行锻炼。研究还表明，仅从患有心脏病和痴呆的人数来看，当今的 70 岁老人比 20 世纪 70 年代的同龄人要健康得多。很多人在纯粹的身体感受方面，不如生活在50 年或 100 年前的人那么艰辛。虽然我们的身体和精神少了很多折磨，却受到其他因素的负面影响，例如心理压力。

我们在上文提到，当今 75 岁的人比过去的同龄人更强壮，但这一趋势正在发生逆转。有数据称，当今的年轻人比过去的同龄人更虚弱。那么当他们变老时，将意味着什么？现在 20 多岁的人如果一直过着不运动的生活到老，并且老了以后继续维持这种不爱动的生活方式，结果会怎样？如果他们的肌肉水平在 30 岁时便已停滞不前，随着年龄的增长，会对他们产生什么影响？是否会影响其寿命？尽管未来的医疗水平或许会变得更高，使得他们可以和现在的我们寿命相当，但他们的身体处于健康状态的时间是否会变少？

问题很多，但确定的答案依然很少，因为未来无法预见。然而，根据我们当下所知，日常生活中不爱动的人患病和过早死亡的风险更高。

你觉得自己有多大年纪很重要

除了生物学意义上的年龄，我们还可以谈论一下主观年龄，即你认为自己的年龄是多少。简单地说：你觉得自己有多大年纪。事实表明，觉得自己比实际年龄年轻的人整体感觉会更好。他们较少出现抑郁的症状，且智力，如注意力、记忆力、学习能力、意识、语言能力和判断能力等都更出色。同时他们还有较快的步行速度，这是健康状况良好的表现。如此看来，你的感知往往与身体的实际状况相对应。

那些说自己的健康状况比同龄人好的人也会觉得自己比实际年龄要年轻。他们对自己的能力也更有信心，更少经历身体功能障碍。因此，感觉自己比实际年龄年轻完全是一件积极正面的事！

第一个能活到 200 岁的人已经诞生了吗？

有时你可能会读到过这样的消息，人类的寿命将会越来越长，未来或许会出现活到 200 岁的人。但果真如此吗？比以往人类活得长得多的人真的已经来到世上了吗？

我们都知道，很长一段时间，瑞典人的平均预期寿命一直处于增长状态。事实上 200 多年来，这个数值每年平均增加 2 个月，算是极为显著的增长了。根据瑞典国家统计局的数据，2018 年女性的预期寿命为84.3 岁，男性为 80.8 岁。同年，65 岁以上人口的比例为 20%，预计到2050 年这一比例将上升到 25%。再看看瑞典以外的地区，据估计，到2050 年，全球 80 岁及以上的人口数将增加 2 倍，接近 4 亿人。

我感觉好多了，身体没有不舒服，还觉得自己很健康。我的血液检查结果也不错，血压是 130/75 毫米汞柱。我觉得精神很好，确信自己在做对的事。

——斯蒂格，82 岁

瑞典如今的百岁老人数量比 20 世纪 70 年代高出了 15 倍以上。根据瑞典国家统计局的数据，20 世纪 70 年代的百岁老人有 127 名，而到了 2016 年，这个数字已经接近 2000。100 岁及以上人口数量预计会继续上升，当今 40 岁的人群将会成为未来 100 岁及以上人口的主力。据估计，到 2060 年，瑞典将有近 9000 名百岁老人。

与此同时却没有证据表明人类的最长寿命值也在增加，当今并没有人比百年前最长寿的人活得更久。由于衰老不是由单一原因造成的，而是在一生中逐渐积累的众多变化和损伤的总和，因而就算我们能够完全治愈造成衰老的疾病，对于阻碍衰老也无济于事。有计算数据表明，尽管人类未来平均预期寿命将增加约 15 年，但这对最长预期寿命值却没有直接影响。也就是说，第一个能活到 200 岁的人已经出生的可能性不大，然而活过 100 岁的人确实越来越多。

那么，是什么原因使得今天长寿的人更多了？随着社会的发展，婴儿死亡率大幅下降，死于传染病的人越来越少。由于人口越来越健康，从疾病中恢复的时间更短，或者带病生存的时间更久，这些都让老年人的死亡率有所下降。今天，我们有预防严重传染病的疫苗、先进的医疗保健体系、更多更好的药物、更优良的卫生条件，还能得到比祖辈们更好的食物。过去的 30 年，世界富裕地区的城市环境，包括空气和水污染等都得到了改善。总之，这些都意味着当今有越来越多的人会更长寿。

瑞典人的体重逐渐升高

有一个疑问是，我们是否正在"吃"掉这种预期寿命增长的正向趋势？超重对预期寿命有着负面影响，而在瑞典，超重人数出现了飙升之势。根据 2016 年的瑞典公共卫生调查结果，在 18~64 岁的瑞典人口中，有 51% 的人，即超过半数人口的 BMI 值达到或超过了 25，这意味着他们超重了。而在1980年，这个数值只有30%。超重人口比例上升的速度非常快。

2015年，一项研究调查了瑞典人的食物摄入量在1960—2010年间的变化，以及这些变化与瑞典超重人口的快速上升之间是否存在着关联。尽管有很多因素会让人变得超重，但如果仅看日常的饮食习惯，就会发现过度加工食品的消费在不断增加。这些食品包括饼干、蛋糕、冰激凌、果酱、巧克力、加糖的早餐麦片、薯片、薯条、比萨、香肠和汉堡。这些食品的共同点是能量很高，但维生素和矿物质等营养物质的含量却非常低，而这些营养物质却是身体健康所需要的。

平均而言，受过高中以上教育的人比初中后就离开学校的人寿命长5~6年。其原因并不完全清楚，但他们在运动、吸烟和饮食等生活习惯上的差异，可能是重要的影响因素。此外，受教育程度不同的人对生活习惯重要性的认识也存在差异，对健康饮食和运动的经济承受能力也不同。

用有力的拳头和健步如飞的双腿来预测寿命

研究表明，良好的握力和快速行走的能力与长寿有关。而且好消息是，肌肉力量和行走速度可以通过运动得到改善！

在测试步行速度方面，通常可使用自选步行速度这种测试方法，它测量了以个人感觉适宜的步行速度走一段较短、可测的距离需要多长时间。现已证明，丧失快步行走的能力会增加摔倒和受伤的风险，处理日常事务也更为困难。自选步行速度过低与大脑功能受损以及认知障碍风险增加之间也有关联。这意味着力量和耐力训练是有益的，可以让你在生活中尽可能有效地保持较快的行走速度。

良好的握力是另一项与健康和基本身体力量有明确关联的指标，它实际上比你预想的更能说明健康状况。测量握力很容易，使用手握测力仪就可以完成。我们认为日常医疗保健中应增加对握力、其他力量以及体能的常规性测试，因为这些测试结果会告诉我们很多关于健康和疾病的信息。任何人都可以做握力测试，无论年纪大小、身体强弱。相比之下其他类型的力量测试，如俯卧撑则需要更多的技术和练习才能获得较好的结果。假如你从未做过俯卧撑，那么在俯卧撑测试中便很有可能会得到一个极差的结果，但这并不一定表明你的上半身力量很弱。这种情况下这一测试实际上只能说明你不常做俯卧撑。相较之下，测试握力却可以很好地了解你的上肢力量，而且不需要练习或任何技巧。

一项研究握力与健康关联的大范围调研对来自 17 个国家的 14 万名成年人进行了为期 4 年的跟踪调查。调研结果显示，在随访期间握力减少 5 千克的人，其死亡率增加了 16%。无论这些人年龄大小、教育水平高低以及频繁运动与否，这种关联都存在。在进行统计分析时，排除了患有糖尿病、高血压或癌症等疾病的人，良好握力的重要性依然得到了证明。练习握力本身可能并没有保护效果，但却有助于增加肌肉量。

你的生活方式会影响基因表达

遗传基因实际上只是决定衰老的很小一部分因素。身体衰老是一个非常复杂的过程，有很多不同的因素影响着我们的衰老方式和速度。如果一个人的双亲中曾有一方患过心肌梗死，那么子女患此病的风险也会增加。然而，若是这些子女定期运动，那风险的增加值便非常小，也就是说我们可以在很大程度上影响遗传基因对健康产生作用的方式。

为了了解遗传和环境对人类的影响有多大，科学家们已经做了大量

更好的运动效果

如果你发现自己没有从运动中获得应有的效果，可以尝试改变一下运动强度、运动时间或运动频率，看看是否找到了更适合自己的方法。你也可以尝试改变一下运动模式，用一种新的方法来挑战自己的身体，使得运动时肌肉发力、心率上升。

的双胞胎研究。同卵双胞胎的基因大致相同，然而在罹患不同疾病的风险方面却有所不同，这些差异部分可能是由表观遗传因子造成的。

表观遗传因子指"独立于"或"高于"基因之外的遗传因子，以及它们应用的方式。你的生活方式，如吸烟与否、运动和饮食习惯，将影响特定基因表达的打开或关闭。表观遗传就像是遗传因子和环境之间的桥梁，或者也可以比喻为一架钢琴，不同的基因便是不同的琴键。所有的"琴键"都存在于细胞中，但只有被按下的"琴键"，或者说被激活的基因，才能发出声音，而这恰恰是由表观遗传所掌控的。这意味着，即使我们从父母那里继承了不利的遗传特征，也并不表示那些不良基因会被激活并影响我们的生活。

同卵双胞胎的研究也用在了表观遗传学上，以观察表观遗传自身的影响有多大。这些研究表明，年轻时同卵双胞胎的表观遗传模式差异几乎无法分辨，而年长后，双胞胎体内部分组织中的表观遗传模式却会出现很大的不同。因此，生活方式和环境的不同会影响生命历程中表观遗传模式的差异。

同一运动会产生不同效果

如果你曾经和其他人一起做运动，那么可能会发现有些人运动后的效果会比你更好，这确实是事实。这是因为每个人的身体对运动信号的反应不同，这种不同，源于基因组的细微差异。同样是做有氧运动，你的身体得到的结果可能是在肌肉细胞周围产生出更多的血管，而你的朋友却收获了更好的血压或血糖水平。这听上去是否很奇怪？而且由于基因的差异，不同的人对同一药物的反应也不尽相同。

不过基因对我们的运动效果只能负一半责任，其余的则会受到你的睡眠、饮食、压力大小和饮酒量等因素的影响。然而运动仍然起着至关重要的作用：一切取决于做什么、做多少、积极性如何。

我开始运动的理由

运动使一切都变得不同！对我生活的各个方面都有积极的影响。我更有活力了，无论是工作还是休闲时，都觉得头脑更清醒，睡眠也更好，多数食物都可以尽情享用。当我提到自己明年就要满 50 岁时，许多人都认为我在开玩笑，这也是运动带来的意外惊喜！

——玛丽亚，49 岁

任何时候开始运动都为时不晚

正如前一章中提到的，你不会完全被遗传因子左右，自己也可以影响衰老的过程。在这本书中，我们选择将重点放在运动和锻炼如何影响你在年纪渐长时的身心感受上。就算你以前从未举过哑铃或进行过任何运动，都不重要，你的身体会对增加的负荷和运动做出反应，你很快就会感知到效果。

还需要指出的一点是，运动是一种"时鲜"，过往的运动成绩无法保证现在的活力。即使你 20 岁时的身体非常好，几十年后也无法回到那时的状态。不过你可以一直带着过去的美好感受，让自己更容易重新开始运动。

爱上沙发的原因

生物演化使我们成为今天的样子，虽然人类在过去几千年里发生了诸多变化，但我们的身体需求仍然停留在远古时期。人类的基因没有跟上我们从狩猎采集社会到农业社会以来生活方式上发生的迅速变化。我们的身体被设计为能量保存型，这是因为饥荒很可能明天就会到来，身体需要有储备可以使用。肠道在保存我们吃下喝下的所有能量方面，表现极为出色，因而从体内排出来的粪便或尿液中基本没有任何能量。大脑也会传递给我们保存能量的信号，这一信号让我们躺在沙发上时会倍感舒适，在吃高脂肪、高糖分的东西时也会感到身心愉悦。

这些几千年前对生存至关重要的身体特性与今天的生活方式并不相称。在现代社会中，效率和便利是首位的，私家车、公共汽车、火车、自动扶梯、电梯取代了大部分的日常身体活动。因此，你需要离开沙发来挑战自己！在人的一生中，运动会一直影响着我们的身体感受和身体功能的正常发挥。

用进废退的身体

长久以来，人们都知道运动对身体健康和各项功能运转的重要性。这种洞察力可以从古罗马学者科尼利厄斯·凯尔苏斯[1]（Aulus Cornelius Celsus）的著作里看到，他在公元 1 世纪时写过关于医学和健康等方面的著作，其中有句话为："运动：不活动会使身体虚弱，而锻炼会让身体强壮。前者使人提早衰老，后者使人延长青春。"

或许曾有人建议你以少动来保护身体。的确，日常生活中需要时间来恢复和休息，但同时还有一句名言："用进废退"。事实正是如此！如果运动太少，肌肉就会萎缩。如果你曾经折断过胳膊或腿，打上石膏固定伤处，那么之后你可能会发现，当伤处的石膏被拆除时，被固定的那个身体部位会变小、变弱很多。你可能也曾注意到，卧床几周的人肌肉

---

1 古罗马医学家（公元前 25 年—公元 50 年），著有一部涵盖了多种主题的百科全书。

谢丝汀：73 岁，运动让我感觉更年轻

在谢丝汀成长的岁月里，户外活动一直是她生活中的一部分。虽然家里没有汽车，但周末时全家还是会去远处郊游，谢丝汀常和她父亲一起跑步前往。少年时期，她开始学习跳民间舞。成年后，她发现定向运动可以把看地图和在林中跑步完美地结合在一起，而事实证明谢丝汀确实有定向运动的天赋，不过她还是花了很长时间才确定自己要做一名定向运动员。谢丝汀现在已经 73 岁了，有时她会将定向与步行结合，因此即使在受伤的时候，她还是可以继续运动。"在户外进行锻炼，一直是让我的身心感觉良好的关键所在，当然与其他人的交流也非常重要。继续挑战自己和训练体能的动力之一是我想在树林中尽可能快速地移动，这样大脑也会被激活。有时你得骗自己一下来坚持运动，因为运动本身并不总是乐趣无穷，但运动后我真的会感觉好很多。"50 岁后，谢丝汀又重新开始跳民间舞，她观察到自己的舞技与其他不怎么活动的同龄人相比要好很多："我有时觉得和 50 来岁的人一起跳舞可能正好。我的平衡感仍然不错，能跟得上不同的舞步，也很少会觉得头晕。"

量会减少，人也变得更加虚弱。这与我们不常运动时发生的状况一样，只不过后者所花的时间更长一些而已。

运动时肌肉需要从大脑获得信号，如果肌肉无法得到绷紧的信号并感受到压力，它们产生的力量和持久性都会降低。肌肉体积变小和功能的弱化，以及骨骼变脆弱，都与年龄增长以及健康状况恶化有关。但我们也不必过分在意这些负面消息，因为这一趋势是可以扭转的。老年人的肌肉仍然具有良好的功能，也可以变得更为强壮和有耐力。从任何时候开始训练肌肉都为时不晚！

通常情况下肌肉对运动的反应是恒定的。因此，重要的是给肌肉增加比日常生活中更多的负荷，使它们在短时间内不时感到疲劳，对此肌肉的应对之道就是变得更强壮。在美国的一项研究中，让 60 ~ 72 岁的男性每周进行 3 次腿部力量训练，为期 12 周，结果是受试者的肌肉力量和大腿肌肉的围度都有所增加。部分受试者的肌肉力量甚至增加了1 倍！

是否健壮的影响因素不仅仅是年龄，一个长期运动的 80 岁老人可以和一个基本不活动的 30 岁年轻人力量相当。而且别忘了，人体的新陈代谢过程很大一部分是在肌肉中进行的。肌肉量越多，保持身体运转所需要的能量就越多，即使在休息时也是如此。

通常人在 20 ~ 30 岁时力量是最强的。如果此后不做任何事情来保持肌肉量，那么身体的力量在 50 岁左右将开始慢慢下降。在 50 ~ 80岁，力量损失的速度会加快，每 10 年就会损失 12% ~ 15% 的肌肉力量。

力量损失最多的是我们下半身的大肌肉群，如大腿肌肉。这些肌肉群极为重要，在起床或爬楼梯时都会使用，而且它们会让你保持平衡。当这些大肌肉群变弱时，跌倒和骨折的风险就会增加。或许由于摔倒受伤，你不能保持日常的运动频率，再加上其他原因，便很可能会导致恶性循环：身体活动频率的降低会导致肌肉减少和变弱，于是更少运动，这反过来又使得跌倒的风险增加。你可以减少久坐不动的习惯，降低失

安娜：58 岁，我还在不断进步

尽管常常变换运动方式，安娜却从未停止过运动。"我在运动中经历过很多，也曾有受伤以及动力不足的时候。但无论怎样，整体来看，运动都让我的自我感觉越来越好，也让我对饮食和生活方式都更加注意。自从去年开始力量训练后，我真的变得更结实了。与 5 年前相比，我的身体也敏捷了很多。我很有信心，自己还有进步的可能，会变得更健壮、更灵活。"

去更多肌肉的风险，这对身体健康极为重要。此外，有了更好的肌肉力量，你才能保持正常的社交，对身心感受都有很大的裨益。

无论你是男性还是女性，如果不采取措施，肌肉力量都会随着年龄的增长而下降 —— 男性的肌肉力量往往是逐渐下降，而女性的肌肉力量则会随着激素水平的变化，在更年期后出现大幅下降。此外，女性的肌肉量通常比男性小，这也是个不利因素。因此，女性的肌肉力量更有可能下降至对生活质量产生负面影响的水平。力量训练对女性而言具有更为特别的积极作用。

用力、出汗和酸痛对于年龄大的人来说并不危险。身体就是需要使用！即使不能像自己在 20～30 岁时那样运动，也可以在现在的年龄挑战自己。

提升生理储备

开始运动乃至坚持终身运动的一个重要好处是让自己有足够的体力来应对日常生活，能够轻松上下楼、整理房间和打理花园。另外运动还能帮助你获得一种储备，在生病时可以更快地恢复健康。

生理储备是一个术语，用于描述一个人在完成各种日常活动之外，体力还有多少盈余。假如一个人不算健壮，那么做完这些，就已经需要使用体力中的较大份额。生理储备能力低的人即使面对短时期的生病卧床，也会大受困扰：很可能在病后无法再做某些事情，或者必须用大部分的体力来做这些事。运动可以增加生理储备能力，使得你在处理日常事务时感觉更轻松。

一般来说，人年纪越大就动得越少。其中一个原因可能是，人们并没有真正认识到运动的重要性。因此请记住：不需要太多运动，就能带来改变。如果你惯于久坐，那就从现在开始每天步行 30 分钟，生活质

90 项目

可以证明开始力量训练永远不会太晚的最好例子是"90 项目",该项目始于斯德哥尔摩郊外的纳卡市。项目邀请该市 90 岁以上的老人参与聚会和运动。参与者每周定期见面,并在健身房里运动。如今项目产生的效果已被各路媒体广泛报道。参与者们不仅见证了日常生活的重大改善,还叙述了自己如何更加容易地站起来,使用助行器走得更远,增强了腿部和手臂力量,并更为轻松地搬运东西。同时参与者还觉得快乐了很多,开始期待第二天的到来。这一项目现在已经发展起来,在全瑞典各个不同的地区成立了许多新的项目组。

量便会得到改善。

运动不仅会让你的身心感觉更好,只要活动起来,你就能有更好的记忆力,并降低患上诸多疾病的风险。保持健康也能让你在生活中有更多机会与家人、朋友在一起,成为他们生活的一部分。

即使你已经很久没有锻炼了,但只要在 50 岁、60 岁或 70 岁时重新开始锻炼,还是可以从此打造持续一生的生活方式。你可以通过尝试新的运动类型来挑战自己,进一步提高生活质量和体力,而且尝试本身也充满乐趣!

在户外进行锻炼，一直是让我身心感觉良好的关键所在，当然与其他人的交流也非常重要。继续挑战自己和训练体能的动力之一是我想在树林中尽可能快速地移动，这样大脑也会被激活。有时你得骗自己一下来坚持运动，因为运动本身并不总是乐趣无穷，但运动后我真的会感觉好很多。

——谢丝汀，73 岁

以小博大

研究结果表明，"聚沙成塔"这个成语在运动方面一样适用。运动不仅仅是指负重和高强度项目，轻度活动也十分重要。点滴的日常身体活动都可以产生诸多积极效果。

很多报道都提到长期久坐不动对健康的害处，以及不运动的负面影响。也一定有人曾建议你在久坐一段时间后起身活动一下。为了更好地理解长时间坐着或不活动时，身体到底会有什么变化，很多学科领域都展开了相关研究。

在大多数情况下，一个人会处于动静结合的状态，这是很正常的。我们所说的不动状态，是指躺、坐或站着不动，这时所有的肌肉都基本没有活动。运动并不仅仅指高强度运动，通常它指任何一种比人在休息时消耗更多能量的身体活动，从慢速步行到非常剧烈的运动都包含在内。

研究人员曾调查过 50~64 岁的瑞典人中有多少人会时常处于不运动的状态。结果显示，只有不到一半的人达到了瑞典公众健康建议标准，也就是每周至少进行 150 分钟中等强度的身体活动。

久坐致病

从长远来看，不活动其实对健康不利，会让人更容易患上疾病。研究人员甚至将缺乏运动列为西欧五大疾病风险因素之一。日常活动和运动应当视作两种不同的行为，或者说两个不同的账户，它们的积极作用是相互独立的。一个人即使按照建议进行运动，甚至还会做额外的运动，在运动这个账户上注入了一大笔"资金"，但如果接下来一段时间或在一整天的大多数时间内完全不动，日常活动账户收入也仍然为零。尽管你不时会去健身房，但一个空空如也的日常活动账户还是会对你的健康产生负面影响。

也就是说，每周进行几次锻炼并不能完全弥补每天开车上班、整天在办公室坐着不动、晚上又坐在电视前所缺失的身体活动，不活动本身就在某些方面对健康有害。在一天中的大部分时间里一直久坐不动会增加患上心血管疾病和 2 型糖尿病等疾病的风险，也会增加过早死亡的风险。

每天不活动的时间越长，上述风险也就越大。事实表明，一天中10 小时不活动的人与 6.5 小时不活动的人相比，过早死亡的可能性高2.5 倍。这种风险的增加不是在几天、几周或几个月内发生的，而是经年累月的结果。这一风险当然也受到日常生活中其他方面的影响，例如你的饮食习惯和是否吸烟等。对于一周内运动超过 5 小时、其余时间久坐的人来说，风险会相对减小。总之，同样是久坐，运动少的人比运动多的人风险更高。

现在，若是你意识到自己正在过着久坐不动的生活，也请不要灰心丧气。因为无论多大年纪，开始改变这种状况都为时不晚，取得效果需要付出的努力也出乎意料地少。瑞典的一项研究表明，即使是时间非常短的轻度运动也会有效果。与久坐不动的人相比，每天多做几分钟身体活动的人患代谢综合征的风险会更低。代谢综合征是一类风险因子的集

从多项研究结果得出的元分析

你肯定会不时读到这样的报纸头条或标题文章,文章中选取个别研究结果,得出运动是否有益或某种食物特性极佳等结论。然而除非进行深入研究,否则即使是专业人士也无法轻易断言个别研究的意义,而对于写作这些文章的记者或作为读者的你来说更是如此。每年都会开展数百项关于运动及其影响的研究,但这些研究的目的只是为了回答某些子问题,而在这些子问题中也只有一部分能够对该领域的知识做出有分量的贡献。因此,多项研究的集合分析结果会比个别研究的结果更为准确。这种对特定领域多项研究的综合分析就被称为元分析或荟萃分析。

合,包括腹部肥胖、胰岛素抵抗和高血压等,它们都会增加心血管疾病和 2 型糖尿病的风险。这一说法是不是令人害怕?

身体活动的时间越长,活动的强度越大,效果的差异也就越大。这项研究还发现,那些摄入高热量食物且长时间不活动的人会从以低强度运动取代久坐的行为转变中受益最多。

另一项研究发现,花 30 分钟做运动的人比起在同样时间内坐着不动的人,过早死亡的风险会降低 11%,患心血管疾病的风险会降低 24%。

综上所述,即使是选择走楼梯而不是乘电梯对身体都有益处。找到活动身体的机会,即使只是很短的时间也没关系。在日常生活中做出的一些小小改变都将会给你带来很大的帮助。所以不是非要跑马拉松或是累到嘴里尝出血腥味才会出现积极效果!

远离疾病

你应该听说过每天应该至少走 1 万步这一说法,对吗?该建议来自世界卫生组织(WHO),其背后的含义非常多,因为步行的确是一个强大的健康工具。

瑞典哥德堡市曾进行过一项研究，在多位老人 70 岁时进行健康体检，然后分别在他们到了 76 岁和 86 岁时进行跟踪调查。研究结果显示，那些在 76 岁时还在每天坚持散步的老人，其寿命达到 86 岁的概率高于那些不常散步的。研究还发现，70 岁时步行速度缓慢与 6 年后日常活动需要更多协助之间也具有关联。在实验对象 86 岁时进行的跟踪调查发现，相较于在 86 岁时健在的人，在过去 10 年中死亡的人往往在 76 岁时身体活动少，在步行和肌肉力量测试中得分也较低。

还有其他研究显示，在以舒适速度步行的情况下，走得快的人过早死亡的风险会明显低于走得慢的人，罹患心脏病的风险则减少一半。还有研究表明，无论是慢走还是快走，都对控制血糖水平有积极作用，这可以保护多个身体组织，例如心脏、肾脏和大脑。

你可以将日行 1 万步视为一个准则和一个目标值。如果你目前每天的运动量在 3000 步左右，那么最好逐渐提高每日的步行目标值，而不是立刻达到 1 万步 —— 相当于 6 千米左右的路程。步数目标并非一成

巴尔布鲁：86 岁，每一天的时间都被运动填满了

86 岁的巴尔布鲁仍在积极工作，日常运动对她来说相当重要。巴尔布鲁这样描述她和运动锻炼之间的关系："我需要运动，但它得与我要做的事情有关，而不仅仅是为了自己的身体。当我要从一个楼层去往另一个楼层，如果相隔层数不太多的话，我更愿意走楼梯，而不是坐电梯。在椭圆机或跑步机上行走无法带我到达任何目的地，对我来说这就是浪费时间。我从来没有专门健身过，我会利用日常生活所提供的活动机会。我会从家里步行半小时到公司上班；上下楼时走楼梯；去乡下修剪灌木丛；在我居住的岛上拖树枝、运土、爬山。最近我在刷牙时也会站在平衡板上。"

不变，但如果你想在一天中有更多的活动时间，步数目标可以成为保持动力的一个好方法。

运动会触发血液中的"吸脂器"

每小时起身几次动一动，会对你的血管起到真正的保健作用。身体活动会唤醒体内的脂蛋白脂肪酶并使其变得活跃。这种酶有助于增强肌肉细胞对脂肪的吸收能力，其作用就像是一种吸脂器。这种"吸脂器"发挥的功效有助于改善血脂，从而减少心肌梗死和中风的风险。

当你运动后，脂蛋白脂肪酶水平会保持一段时间的高位，之后再逐渐下降。而且即使是低强度的身体活动也足以让脂蛋白脂肪酶保持活跃状态。

换句话说，如果一个人长时间不动，这种酶就会"睡着"。你需要不时动一动，把它们推到正确的轨道上。唤醒脂蛋白脂肪酶就像是当电脑或手机进入休眠模式时，你会碰一碰它们那样。经验还告诉我们，如果一个人已经有一段时间保持同一个姿势，那就有可能继续不动。因为身体进入了休眠模式，很有可能会一直持续下去。

你肯定知道自己一旦坐到沙发或扶手椅上，就很容易陷在里面不想起来，因此你需要一种能帮助自己养成新习惯的行为方式。无论坐着有多舒服，也要提醒自己每隔一段时间就要从久坐中站起身来。例如如果你在看电视，那么可以养成插播广告时站起来的习惯，抬抬腿、深蹲，或是去厨房倒杯水或泡杯茶；在下一次广告时间，可以把空杯子拿到厨房；再下一次广告时间，可以给自己再布置另一项任务。几次之后，你就有希望养成一个新的习惯。每次当你起身活动时，肌肉中的"吸脂器"就会被激活，继续开始工作而不会进入休眠模式。这些简单的技巧会让你轻松地将身体活动变成生活中的一部分。

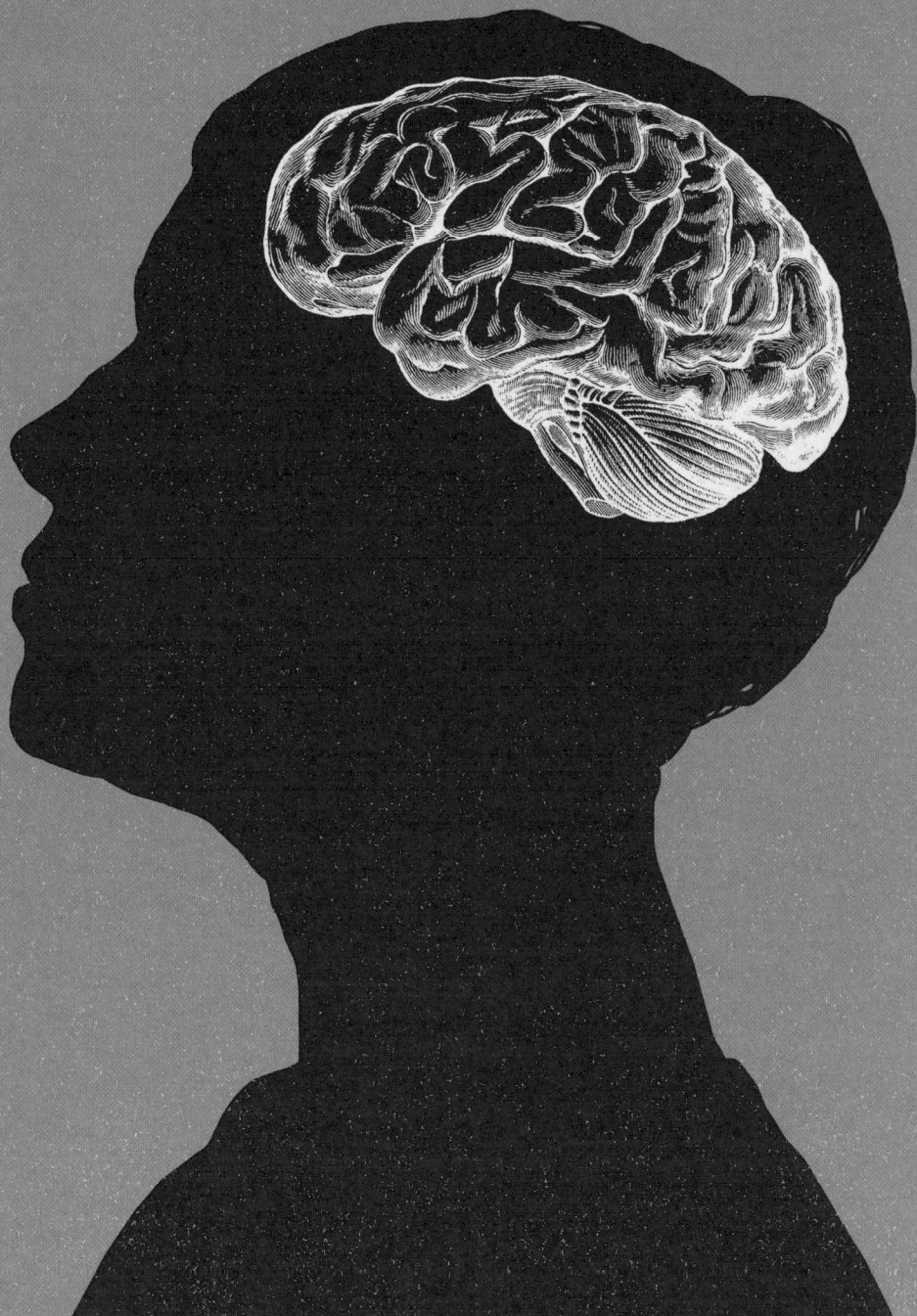

第二章

运动影响大脑

对于有运动习惯的人来说，运动最重要的动力也许就是感到自己更年轻，更有活力。不仅身体如此，心理也是。当人们谈论运动的效果时，重点往往会放在身体上，即运动如何有助于身体健康。但是近几十年来的研究让我们了解到更多运动的好处，例如在记忆力、应对社会造成的心理负担以及对压力的反应方面。定期运动可以缓解焦虑和抑郁，在某些情况下甚至比药物还管用。运动也可以降低罹患痴呆的风险，让大脑保持清醒和敏锐。在本章中，我们将讨论运动如何影响大脑，以及运动对于保持良好感觉和充沛精力的意义。

运动让人更聪明

你或许感到学习新事物开始变得困难，记忆力正在下降，思维也不像年轻时那样敏捷。但如果你认为这一趋势无法减缓或逆转，那可就错了。诚然，年轻时学习会更轻松，但实际上人在一生当中都可以通过特定的方法来改善大脑，其中就包括运动。

在人体的工作方式中有一点很有趣，那就是身体的某个部位在运作的过程中，会对其他的身体部位产生很大的影响。比如说当你快步走时，会觉得有点喘不过气来，腿也有些疲劳，而这也同时影响了你的大脑。

研究身体组织之间的关联性是相当复杂的。把所有的过程拆解开，只看个别因素之间如何相互影响以及如何影响整体，这几乎是不可能的。而且也没有必要在完全了解运动是如何产生效果之后，才能确定什么是让你身心舒适的有效运动。根据经验，只要人们能感受到运动时身体内实际发生的情况，就会更有动力去运动。

你的全部个性、行为、知识、记忆力和感觉都是大脑中由约 860 亿个神经元组成的巨型网络的一部分。如果把一个人所有的神经元和其连接部分（轴突）排成一条直线，那会比地球与太阳之间的距离还要长。

大脑可能是自然演化中产生的最聪明的器官。大脑在胎儿阶段就开始发育，到了儿童时期，脑细胞之间的连接点，即突触以及其他组织迅速发育。儿童随着成长，不但情感体验发生着变化，语言也在发展，同时动作技能——即对身体运动的控制也得以完善，学习能力得到提高。运动记忆以及短时间内记忆信息的能力等也会随着时间的推移而变强。

大脑会随着年龄的增长而持续发生变化。尽管儿童和青少年时期快速发展的认知能力在成年后发展速度会开始放缓，但最近的研究表明，认知能力在一个人的生命晚期仍有持续变化的可能性。人们发现，相较于年轻人，老年人使用大脑时启用的脑部组织更多。这可能是因为老年人拥有更多经验，学会了不同的思考方式，也可能是因为老年人的大脑需要对自身某些功能的弱化进行补偿。

关于大脑随着年龄增长而功能逐步变强，有一个例子，即词义理解和同义词记忆。通常情况下，语言能力会随着我们习得新的概念而提高，伴随着新的经验，我们也会用更丰富的语言来表达所思所想。尽管人在45~70岁，语言流畅性和事件记忆——对自己所经历事情的记忆，这两项功能呈下降趋势。

运动时的大脑极为活跃

当你运动时，大脑中有很大一片区域都处于激活状态。毋庸置疑，大脑皮层中直接控制肌肉的部分是活跃的，但其他区域也会同时被激活。其中就包括小脑和基底神经节[1]，它们有助于确保动作平衡，并适应你的节奏。除此之外还有海马体[2]，它的重要性在于帮助你在周围环境中

1　大脑深层一系列神经核团组成的功能整体。
2　"海马体"在医学上的准确说法是"海马"（Hippocampus），文中为了动物海马相区别以及便于读者理解，保留"海马体"的说法。——编者注

定位，这个能力便是方位感。

　　人类的小脑只占整个脑体积的 10%，却包含一半以上的脑细胞。人类和大猩猩的小脑比其他哺乳动物大得多，它对控制身体运动非常重要。小脑的各个特定部位具有不同的功能：一部分负责身体运动的启动、准备和协调；一部分负责控制平衡以及头部和眼球的运动；还有一个部分负责对躯干、腿和手臂进行控制。为了使这些功能正常运转，小脑需要与处理感官输入的身体器官或信号密切对接，包括内耳的平衡器官、来自视觉皮层的信号以及来自身体关节和肌肉的信息。因此，小脑损伤往往会导致出现平衡问题，使身体活动的准确度降低。

　　当你做有氧运动时，小脑的活跃度和血流量都会增加，小脑中神经元之间以及小脑与大脑其他部分之间的连接会变得更加有效且协调。作为反馈系统的基底神经节，能使你的动作更为顺畅而协调，并且会消除那些干扰运动的神经脉冲所造成的影响。帕金森病患者的基底神经节的部分神经元功能较差，这一部分被称为黑质。黑质中的细胞能制造神经递质多巴胺，这是脑细胞之间发送信号所必需的。因此，如果体内多巴胺含量少，大脑控制身体运动的能力就低。帕金森病患者由于基底神经节功能受到干扰，往往难以活动身体，行动缓慢，并可能伴有颤抖或震颤。

　　总之，当你运动时，小脑、海马体和基底神经节中的反应可能部分

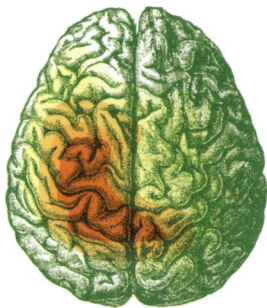

在运动时，大脑不同部位（如额叶、小脑、海马体和基底神经节）的神经元活动都有显著增强。

海马体是做什么的?

大脑中海马体这个小型结构的名称来自希腊语单词 "hippokampus"，"hippo" 意思是马，"kampos" 意思是海怪，也因为它的形状像海马。海马体非常重要，它参与了形成记忆和长期记忆转化的过程，具有将相似的印象从彼此之间以及过往记忆中区分出来等功能，这种区分被称为模式分离。它还有形成方位意识的作用，方位意识是我们在周围环境中定位以及记住一个特定地方样貌的方式。在情绪方面，海马体的大小被认为对保持情绪稳定有重要作用。如果得了抑郁症，海马体的体积就会缩小，但目前还不清楚这种缩小是抑郁症所导致的，还是缩小本身引发了抑郁症。不过当通过运动或药物对抑郁症进行干预后，海马体确实会再次变大。

解释了为什么经常运动对大脑有益，以及为何运动能减少罹患痴呆和阿尔茨海默病等疾病的风险。

运动提升大脑功能

运动对大脑健康和衰老的影响都是相对比较新的知识。运动对大脑有如此强大影响力的部分原因是，运动本身对大脑是有"要求"的，并且运动以多种方式刺激着大脑。中枢神经系统的很大一部分工作是控制身体的活动。因为能够精准控制身体活动来狩猎、觅食，或逃避捕食者，这简直是一个物种生存的最主要优势。因此，当我们的大脑"居住"在一个尽可能健康的身体内时，就会感觉良好，而运动能提高你保持健康的可能性。即使当你变老时，这仍然不失为一个好方法。

仅一次运动也能对大脑产生短期影响，如改善注意力和工作记忆[1]。

1　工作记忆是一种对信息进行临时加工和贮存的容量有限的记忆系统，在许多复杂的认知活动中起着重要作用。

运动影响大脑的方式

　　运动会增加大脑不同部位细胞的活动，如额叶、小脑和海马体。活动的增加会带来更多的能量需求，以及更多由血液提供的营养和氧气。这使得大脑中以上部位的局部血流加速。此外运动还保护了脑细胞，刺激了微血管的生长，而这两个过程都是神经运动带来的生长因子的释放量增加，促进了细胞生长所导致的。以下是一份运动时大脑各部分功能变化的清单，这一清单能解释在运动时大脑中发生的事，以及它们对你有什么意义：

运动可以使：

- 大脑活动增加，即神经元之间发送的信号增加。大脑向肌肉细胞发送更多信号。
- 脑源性神经营养因子（BDNF）[1]的释放量增加。

- 海马体中形成新的脑细胞。

- 脑细胞中线粒体的形成加快。线粒体是细胞产生能量的动力装置。
- 髓磷脂大量增加。髓磷脂是神经元轴突周转发育的支持细胞。
- 轴突的数量增加，神经元之间的连接更加紧密。
- 神经元之间的连接模式发生变化。

上述变化的积极影响在于：

- 身体活动和接收感官刺激会增加能量消耗和流经大脑的血流。

- 刺激细胞生长和分裂，提高细胞（特别是海马体中的细胞）的存活率。
- 为改善记忆和调节情绪提供更好的条件。
- 让脑细胞更有效地工作。

- 更好地抵御自由基（因为过量的自由基对身体有害）。
- 神经末梢周围的保护层会让信号传递更有效。
- 增强信号同步性，加强记忆。

1　人脑中的一种蛋白质，对神经元的发育、存活和凋亡起着重要的作用。

定期运动则可以在许多方面对大脑产生积极影响，包括降低压力激素水平和血压，使血管更健康，降低炎症指标以及改善血糖值。除了运动之外，社交、智力激励、充足的睡眠和健康的饮食当然也都对大脑极为重要。

如果能够满足上述所有条件，那么即使在衰老时，大脑依然会保持强大活力。

运动会产生更多的神经元

从前，人们认为人在成年后大脑便不能再产生新的神经元了。但自20世纪90年代末以来，这一观念受到了挑战，一些研究表明，新的神经元可以在大脑的海马体和嗅球中产生。大脑的某些部分能够生成新的神经元，来更好地适应和发挥大脑的功能。那么，什么治疗方法如此强大，能够刺激新的神经元形成？对，你猜得没错——是运动。而且甚至不需要极其艰苦的运动，即使是快步走之类的身体活动也有效果。

大多数人大脑中的海马体体积都会随着年龄的增长而变小。这可能是年纪渐长时记忆功能下降的一个主要因素。在对40～70岁的受访者进行运动效果调研时发现，与不运动的对照组相比，运动组的海马体体积可以保持得更好或增加得更多。在另一些研究中还发现运动组的方位感也得到了改善。在对小鼠的相似研究中也得到了同样的结果。

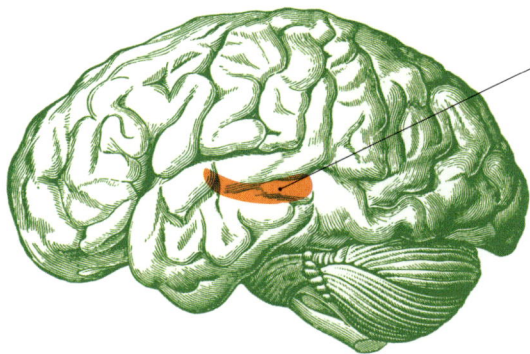

我开始运动的理由

海马体的体积占整个大脑的体积不到1%，却在记忆和方位感等方面起着重要作用。定期运动可以让海马体的体积变大。

伦纳特：78 岁，我从未想过自己会从 55 岁时开始运动！

伦纳特在 55 岁时才开始定期运动。在此之前，他也会不时活动一下，但在同事们的劝说下参加了半程马拉松后，他才开始定期跑步。他接受了这个挑战，并且在之后的 12 年里坚持每年都跑半程马拉松，直到 67 岁。在第一次尝试之后，伦纳特对改善体能产生了渴望，也对运动的重要性有了更多认识。第一次参赛后，他坚持每周 2 次、每次跑5~6 千米，不过跑步距离每年都在减少。到了 75 岁时，他开始用每周1~2 次的力量训练来补充减少的跑步运动。伦纳特说："运动让我的健康状况好了很多，情绪变得越来越好，体力和身体灵活度也提高了。我从未想过自己会在 55 岁时开始运动，但让我吃惊的是它变成了某种需要，让我能一直坚持到现在。"

有一种物质似乎在运动与大脑反应的关联中具有重要作用，特别是在认知功能，如记忆力和注意力方面，它就是脑源性神经营养因子（BDNF）。脑源性神经营养因子释放量的增加所带来的影响可以被描述为给神经元的生长"施了肥"，特别是对海马体内的神经元而言。对动物和健康人的研究表明，运动可以增加大脑中脑源性神经营养因子的释放。

这项调研在运动对海马体的影响方面还有一个重要发现，那就是运动的确是一种"时鲜"。经过几个月的跟踪，受试人的海马体大小已经恢复到运动之前。这意味着关键在于不要停止运动，应当在一生中都保持身体的活跃状态。

运动产生新的脑细胞

随着年龄的增长，大脑的许多功能——注意力、意识、思维、快速思考、空间感知、语言能力、判断力、问题解决能力、记忆力，以及通常被称为认知能力的学习能力与知识获取能力都在退化。在多种不同因素的影响下，不同人退化的速度不同，这些因素包括遗传、生活条件和社会经济因素，但其中也包括生活方式。如果你一直运动，实际上可以减缓上述功能的衰退，这多么奇妙！

随着年龄的增长，认知能力受到的影响主要体现在工作记忆和处理速度，即解决一项智力相关事务所需的时间上。原因是随着年龄的增长，脑细胞中的活性细胞以及它们与其他脑细胞的联结会弱化，另外还有一些脑细胞会死亡。相比其他部分，大脑的某些部分，如海马体和额叶则会丧失更多功能。海马体体积的减少可能会导致将来的认知障碍，如阿尔茨海默病和血管性痴呆，而后者是一种由病理损伤或脑血管变化引发的痴呆。

对于如此大范围的大脑恶化，运动真的能起到什么作用吗？答案是肯定的。如果你经常运动，大脑中的某些部分看来确实会更大一些，无论你处在什么年纪。美国的一项研究发现，在50~80岁的人群中，运动量和脑容量之间存在着明确的正相关关系。而且这并非指特别剧烈的运动，只是低强度的身体活动，包括起床后在家中、工作场所或户外做的一些活动，如打扫卫生、晾衣服、与孩子玩耍或是打理花园。

而且运动的作用还不止于此。对年轻人和老年人的共同研究表明，更好的体能也会帮助海马体的生长。有项研究发现，长期步行的习惯使得受试者海马体的大小增加了2%，同时还改善了他们的记忆力。2%乍听上去虽然不算多，但经过多年积累，效果会十分显著。

运动也会影响所谓的执行功能，如工作记忆和抑制能力 —— 冲动控制能力，另外还有认知灵活性 —— 在不同任务之间下意识地转移注意力的能力，甚至还有反应时间 —— 对声音或光信号的反应速度。如果你经常运动的话，反应的时间会缩短。

额叶：运动、行为、性格、记忆、计划能力、情绪调节、控制冲动、创意、演说

顶叶：触觉、空间定位、推理、（阅读时的）语言理解力

颞叶：行为、记忆、情绪控制、平衡感、方位感、听觉、（说话时的）语言理解力

枕叶：视觉、图纹识别

脑干：呼吸、心跳、血压、吞咽

小脑：平衡感、运动控制、协调能力

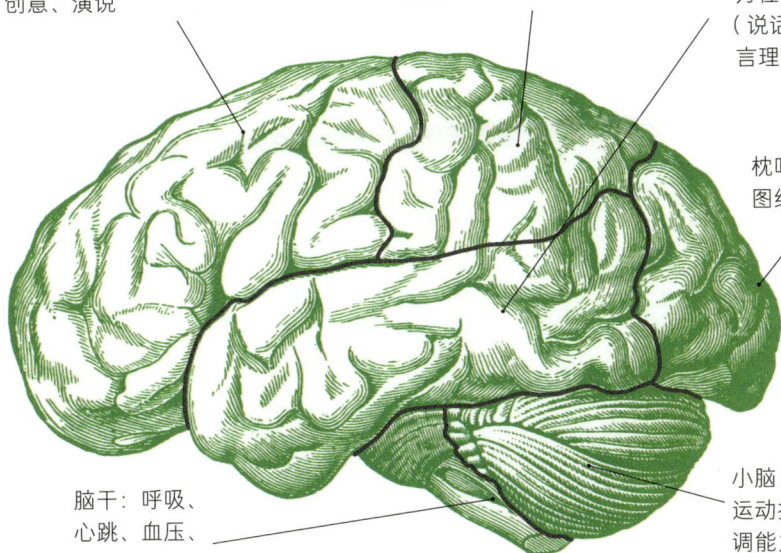

大脑各部分及其功能

　　正如前文提到的，过去人们认为大脑是静态的，随着年龄的增长，我们中的多数人都会失去一些脑细胞。但现在我们知道，大脑有一定的延展性和可塑性。可塑性可以被描述为大脑为适应新需求而改善自身功能的能力。大脑可塑性最明显的例子莫过于当我们学习新事物，例如学习一门新语言、试着做木工或做一道新的菜肴时，大脑都必须努力运转，而且效率相当低。一段时间后，记忆沉淀下来，不同的事务之间会形成一种相互关联，新事务变得容易做了，最终渐渐成为一种自动完成的动作。当我们真正擅长某项具体工作时，用于完成同一件事的脑细胞数量就会减少，大脑的工作就会更有效率。这也同样适用于运动，当你做一项从未做过的运动时，不仅会感到身体疲惫，而且头脑也会感到累。而当一个人学会了骑自行车、游泳或打羽毛球后，神经系统的工作

便不再像开始时那么费力了。

　　总之，定期进行体能训练是保持大脑健康以及让重要的大脑功能在老年时仍可持续运转的一种有效方法。

为降低患痴呆风险而运动

　　不少上年纪的人都害怕自己患上痴呆。目前瑞典患有痴呆的人数总计约为16万，女性多于男性，而且随着越来越多的人步入高龄，这个数字还在上升。预计到2050年，将有25万人会被诊断为痴呆。但必须指出的是，当今65岁的人罹患痴呆的风险比30年前的同龄人要低得多。

　　痴呆是各种脑部疾病的总称，其特点是认知功能下降，行为变化，以及生活自理变得困难。痴呆的主要风险因素是衰老，但心血管疾病，如高血压、高胆固醇，还有肥胖和吸烟也同样会增加患痴呆的风险。

　　运动可以降低患痴呆的风险吗？可以。多项研究表明，常运动的人患痴呆的风险较低，这足以成为开始定期运动的理由。2018年世界卫生组织的指南中指出，戒烟、治疗高血压和糖尿病，以及经常锻炼，将大大降低患痴呆的风险。

　　大脑中到底发生了什么，使得良好的体能和较低的痴呆风险之间存

体能好的人患痴呆的风险较低

　　瑞典哥德堡萨尔格伦斯卡学院的一项研究曾对近200名50岁的女性进行了体能测试。研究人员之后对这些女性进行了40多年的跟踪调查，并定期进行认知能力测试。结果非常明显，在体能测试表现最好的一组中，只有5%的人在20年后患上了痴呆。在体能测试时得分最低的女性中，几乎有一半人患上了痴呆。那些体能良好却仍然患上痴呆的女性平均发病年龄是90岁，比那些体能状况欠佳的女性晚了整整11年。

在关联？这和身体内发生的其他变化一样，可能有几种解释。例如，体能良好的人通常有更健康的血管、更健康的生活方式和更强的免疫系统，这些都有助于为大脑提供更健康的环境。此外，运动时大脑活动的增加也可以保护海马体和其他脑细胞。

运动的效果已不言自明，但到目前为止，仍没有明确的证据表明某种运动比其他运动对痴呆的治疗效果更好。就我们当下所知，最好的办法是找到一种你喜欢的运动方式，并坚持下去。

运动与帕金森病

关于运动如何影响帕金森病患者大脑运作机能的研究还很少。不过由于我们已知大脑在整个生命过程中都是可塑的，并且有能力修复受损的神经元，因此受帕金森病影响的细胞也理应能从定期运动为大脑所创造的良好生存环境中受益。

通常，治疗帕金森病会使用干预大脑中多巴胺水平的药物，来恢复大脑的信号传递功能。在该疾病的早期阶段，药物治疗往往效果很好，患者可以继续正常行动。但随着疾病的发展，如果治疗效果受限，就有必要改用运动治疗。在此过程中，通常的建议是在药物治疗对患者起到最大效果的同时加入运动——通常称为"同步"，此时运动的效果通常也是最好的。

由于帕金森病患者的平衡能力会受损，因此跌倒的风险会增加，所以将步行、力量和平衡训练相结合是个不错的方法。这样做可以同时提高步行速度，改善平衡能力和动作技能，减少跌倒的风险。手杖徒步健走和跳舞等活动已被证明可以改善帕金森病患者的体能，而太极拳和需要身体参与的电子游戏也已证明对提升平衡感有积极作用。不过最重要的是一定要动起来，而且最好采用不同的方式。

运动——
一种天然的愉悦剂

你是否了解，运动的人通常比不运动的人生活质量更高？我们所说的生活质量，是指诸如心理健康、身体健康、社交能力和活力等方面的综合体验。其中活力是指一种充满能量和生命力的感觉，这听上去是不是很棒？对许多人来说，活力是持续运动的强大动力，当你开始运动时，确实可以期待自己的活力能得到真正的提升。

运动量和效果之间是有关联的，每周快步走 225 分钟、持续 3 个月的人比每周走 150 分钟的人会获得更明显的效果。但无论年龄大小，运动对生活质量的影响都相差无几。

运动可以缓解焦虑和抑郁

经常锻炼会让你感觉更好，这点非常容易理解。然而当我们要解释为什么运动对抑郁和焦虑如此有效时，却很难给出一个极其简单的答案。因为人体内的诸多进程都会受到运动的影响，答案很可能存在于这些过程相互交织的环节中。

就目前所知，大脑会受到不同化学物质的影响。例如在抑郁症中，大脑中某些神经递质的水平会发生变化。例如，单胺假说便认为在患抑郁症期间，大脑中的某些物质（如5-羟色胺和多巴胺）出现了不平衡状况。一些抗抑郁药物就是通过提高这些物质的水平而发挥作用，以帮助患者在精神上感觉更好些。

好在很多人可能并不需要药物就可以对抗抑郁，这是因为上述神经递质也会受到身体活动的影响。例如，当你运动时，血清素水平上升，这会使人感觉好很多。如果是更费力一些的运动，还会分泌另一种名为色氨酸的物质。色氨酸同样能提高血清素水平。换言之，运动可以触发人体内多种变化，分泌"让人感觉良好"的物质——5-羟色胺，让其水平达到正常值。

但还不止这些！运动还能促进大脑中另外两种神经递质水平的提升，让人感觉更好。当我们开怀大笑、坠入爱河、感到压力或运动时，血液中的内啡肽数量都会增加。内啡肽可以缓解疼痛并增加幸福感，常被称为"人体自产的吗啡"。当我们运动时，会有多种信号送达大脑，释放内啡肽。而这又会反过来促进多巴胺的释放，多巴胺是一种激活大脑奖赏系统的神经递质，同样会使我们心情舒畅。

大脑中受运动影响的部分还有海马体。维持海马体的体积对保持良好情绪非常重要。抑郁症患者的海马体体积往往会有所缩小，但目前还不清楚这种缩小是抑郁症的后果，还是因此引发了抑郁症。当使用运动或药物治疗抑郁症时，海马体会变大。在由社会心理压力导致的抑郁案例中，长时间的高皮质醇水平会导致海马体萎缩10%～15%，从而损害认知功能。即使在社会心理压力减弱或抑郁消失后，海马体还是会继续萎缩。当然之后仍有恢复正常的可能。

没有体力运动的人最需要运动

我们完全理解，当一个人感觉身体不舒服时，运动并非第一要务，也无力去运动。正如瑞典人口中约 20% 的人曾经经历过的那样，当一个人在生命中的某个阶段患上抑郁症时，往往体能也极为糟糕。

一个患上抑郁症的人会表现出长时间的情绪低落，活动量减少，这些会影响到日常生活的许多方面，如睡眠、食欲、自尊心和生活的愉悦感。

通常女性患抑郁症的人数是男性的 2 倍，而且老年人比年轻人更容易患上此症。在 65～74 岁年龄组中，大约 10% 的女性和 5% 的男性在接受抗抑郁药物治疗。而 85 岁以上的人群中，进行抗抑郁治疗的人数是其他年龄组的 2 倍以上。

抑郁症的表现方式有许多种，严重程度也各不相同。事实上，如果你患有轻度或中度抑郁症，运动的效果与认知行为疗法（CBT）以及药物治疗一样好。如果你有中度至重度抑郁症，并且正在接受药物或交谈

运动有助于改善情绪

- 增加内啡肽的释放。内啡肽是一种人体内自行生成的、类似于吗啡的物质，可以减少疼痛感，产生兴奋感。
- 产生更多线粒体。这一"细胞发电站"能帮助调节情绪的细胞更好地运作。
- 改变大脑中其他神经递质的水平。降低压力激素，特别是皮质醇的水平，减少对海马体细胞的负面影响，从而缓解抑郁症状。
- 带来心理感受的变化。
- 强化执行、完成事务以及实现目标能力的信念。
- 调节注意力，有助于更有效地思考。
- 在与其他人一起做运动时，也有助于社交。

治疗，建议也可以尝试运动。不过应当与医生一起选择治疗策略。

药物和运动二者间的一个主要区别是，药物通常被设计为在体内单一、特定的过程里起作用，而运动则会触发数百甚至上千个体内过程。这使得运动所能实现的效果范围要比使用单一药物更为广泛，也是运动可以补充、加强甚至有时取代药物治疗的原因之一。运动的另一个优点是副作用少。定期运动还可以减少患上抑郁症的风险。

虽然相对于年轻人，抑郁和情绪低落在老年人中更常见，但不能把这二者看作正常衰老的一部分。老年人更容易患上抑郁症的原因很简单 —— 经历诱因事件的可能性更高，例如工作或个人生活的变化、失去亲人、退休或患上严重疾病等。

并不是每个上了年纪的人都会感觉糟糕。如今 70 岁人群的平均心理健康状况比 30 年前或 50 年前的同龄人要好。大多数老年人对自己的生活感到满意，尽管他们患上各种疾病和身体出现问题的情况比年轻人多。

强健的肌肉和心脏可以对抗抑郁症

到目前为止，关于运动对抑郁症影响的研究大多集中在有氧训练上，但近年来，开始有了力量训练对抑郁症影响的研究。这两种运动方式都被证明都对缓解抑郁症具有良好效果。此外，那些更花费力气的运动所获得的效果看起来也更好。例如，若以适当的强度做有氧运动，能够几乎喘不上气，并短暂地接近体能上限，那么它所取得的效果会比不怎么费力的散步更好。对于不同类型的力量训练也是如此，当身体达到疲惫状态时，运动的效果会更好。

有研究表明，如果你将运动变成一个长期坚持、贯穿一生的习惯，那必将获益更多。选择何种运动形式并不太重要，找到自己喜欢的项目，无论是跑步、跳舞、力量训练、游泳还是任何球类运动都可以。努

杰西卡的讲述：

"我的一个熟人有段时间患上了严重的抑郁症，情况非常糟糕。我就在她身边，却束手无策，心里非常难受。过了一段时间后，她开始去家附近的一个健身房做运动。对她来说，去健身并不是一件容易的事，但她还是遵医嘱每周去几次，我支持和鼓励她坚持下去。在此之前，她经常给我打电话，说自己没有运动的欲望和精力。我想，只要她开始运动就行。几个月后，她开始为自己运动并惊喜地看到了自身的变化，她开始感觉越来越好。"

力做运动本身比所选择的运动类型更为重要。

如果你或者身边的人患上了抑郁症，那么一定会经历心情的起起伏伏。在某些特定情况下，可能没有精力与他人相处，尤其是要与他人一起运动。这种毫无力气的感觉本身并不意味着你应该放松下来，相反，运动往往会让你感到更有活力。不过有时确实需要退一步，让运动变得更容易、可行。有时你可以自己一个人在家或在户外运动，有时你也可能会因为与认识的人一起运动而受到鼓舞。与他人一起运动或许还可以防止你取消这次运动机会。当你感到萎靡不振时，让别人决定是否运动并鼓励你，对你来说也许更简单。你只需要根据自己的能力来调整运动节奏即可，但重点是要一直努力。

肌肉会分泌影响大脑的物质

近年来，也出现了肌肉训练对于社会心理压力和抑郁症影响的相关研究。运动时肌肉中会产生一种名为 PGC-1α（过氧化物酶体增殖物激活受体 γ 辅助活化因子-1α）的蛋白质。如果你身体强健，这种蛋白质的含量会更高。在以往的研究中，这种蛋白质多与肌肉对运动的反应联系在一起，但研究显示它可能也涉及清除血液中与压力有关的物质，例如犬尿氨酸。

犬尿氨酸是一种参与人体炎症和免疫过程复杂调节机制的物质，同时还在调节情绪方面发挥着作用。调查研究结果表明，情绪调节系统的紊乱可能会导致精神疾病，其中就包括抑郁症。在感到心理压力阶段就可以观察到人体内犬尿氨酸水平的升高，这种物质还具有穿过血脑屏障的能力，可以影响到大脑。在患有精神疾病的病人体内就可以发现含量极高的犬尿氨酸。

运动与减轻抑郁程度的相关性就体现在这里：PGC-1α 已被证明与犬尿氨酸转化为犬尿酸的机制有关，而后者是一种无法侵入大脑的物质，因而对情绪无害。这意味着当你运动，尤其是进行有氧运动时，PGC-1α 的数量会增加，大脑会更少受到犬尿氨酸的负面影响。因此可以说，强健的肌肉有助于清理血液中的有害物质，通过解除犬尿氨酸的"武装"，起到保护大脑的作用。但 PGC-1α 的作用并不仅限于此，它还可以帮助肌肉产生更多的线粒体，使之更具耐力。

不过，关于人体内部的这些机制，以及运动、犬尿氨酸和心理健康之间的具体相关程度还需要更多研究，以上提到的关联是几种可能性中的一种。

我在运动中经历过很多，也曾有受伤以及动力不足的时候。但无论怎样，整体来看，运动都让我的自我感觉越来越好，也让我对饮食和生活方式更加注意。自从去年开始力量训练后，我真的变得更结实了。与 5 年前相比，我的身体也敏捷了很多。我很有信心，自己还有进步的可能，会变得更健壮、更灵活。

——安娜，58 岁

为解压、助眠而运动

心理压力这一概念可以从几个方面来定义。哥德堡压力医学研究所将压力定义为："对各种负荷的生物和心理反应，即调动资源以应对不同类型压力负荷的需求。"大多数人针对压力的应激反应通常是适当的，在大多数情况下并不危险。压力应激反应的表现取决于经验、情绪和对特定情境的生理反应。当某一类压力负荷长时间超过了一个人在心理和生理上的应对能力时，便会对身体、心理或行为带来负面影响。

如果心理压力持续没有得到充分恢复，从长远来看对健康是不利的。长期的压力与衰老之间也可能存在着关联。瑞典的研究人员就发现长期的高水平皮质醇与端粒的缩短之间存在着关联（关于端粒的更多内容请参见第一章）。尽管需要进行谨慎的、更为广泛的研究调查，但无论怎样，运动的确是减少压力症状、抵消长期社会心理负担带来的诸多负面影响的有效途径之一。

压力必不可少

压力往往具有负面的含义，与诸如时间紧迫或不清楚自己需要什么等问题相生相伴。纯粹从生理学角度看，压力意味着身体的某个系统被打乱后发生失衡。有一些常见但相对温和的压力反应，例如体能消耗，身体一天可以承受好几次体能消耗，就像我们爬楼梯一样。当身体疲劳时，血压会轻微上升。这是因为大脑接收到了肌肉活动的信号，并开始产生疲劳的感觉。接着位于大脑底部的延髓会向心脏发送信号，使心率加快。其他同样能够引起身体生理应激反应的因素还有热、冷、疼痛、低血糖和饥饿，也有心理因素，如焦虑和紧张感。

不管是什么原因造成的压力，身体对此都有一套标准的反应方式。肾上腺素和皮质醇就是身体在感知到压力后释放的两种重要的激素。皮质醇是大脑和垂体下部受到刺激后，在肾上腺皮质中产生的一种激素。当血液中的皮质醇水平升高时，血糖水平和血压都会上升，同时免疫系统受到抑制。肾上腺素从肾上腺髓质中释放，会导致心率加快、血压升高、血糖水平升高、血脂增加，以及支气管扩张。所有这些反应都是为了更好地应对外界挑战。

人体本身就是用来承受负荷的。经常承受压力并激活我们的压力应激生理系统，对于提高对不同环境的适应能力至关重要。短时间内感到压力，并不是一个大问题。然而，慢性、长期的压力所造成的高血压，以及血液中高水平的皮质醇带来的压力应激反应则会对身体有害。因此，如果压力的应激反应长期被激活而身体始终没有得到恢复，便会出现问题。例如，当你在工作中由于组织混乱、人手不足和不合理期望而经受了大量的负面压力时，就有可能带来长期的压力应激反应。

长期的社会心理压力也会对血液中的其他激素水平造成影响，例如调节新陈代谢的甲状腺激素、已被证明具有保护脑细胞作用的脑源性神经营养因子（BDNF），以及血管内皮细胞生长因子（VEGF）。长期处于压力中而不能恢复对人体是有害的，它有导致身体和精神问题的风险。如今，社会心理压力已经成为请病假常见的理由，也是许多人不得不面对的问题。长期的慢性压力对大脑和免疫系统所产生的负面影响很可能会导致人体的衰老速度加快。

运动可增强抗压能力

当生活忙碌到没有时间好好应对所有挑战时，一个人就很可能会感到恐惧或威胁。这便会引发身体的应激反应，而且这种反应可能会持续很长一段时间。如前文所述，通过运动激活的压力生理反应与由社会心理压力激活的生理反应非常相似。

然而，两者间的差异在于：与运动有关的压力反应是短暂的，在运动结束后压力激素水平就会下降；而社会心理压力造成的应激反应会更为持久，有时甚至会长期存在。在这两种情况下，大脑和内分泌系统都会被激活，为身体"逃离或战斗"做好准备。就我们当下所面临的大部分社会心理压力而言，逃跑和战斗都不是有利的或者合理的解决方案，但这却恰恰是大脑选择的结果。我们对压力的反应是从狩猎和采集时期遗留下来的，那时的压力大多源自为生存而战，在人类受到野生动物或敌人威胁的处境中，这类反应远比在当今社会更为有用。然而，大脑还是会以人类早期演化出的方式来应对当今社会的挑战。

定期进行适度的运动可以减轻压力，并会使你在休息时的压力激素水平降低。运动确实无法让带来压力的事件本身消失，但若是拥有一个强健的身体，就会提高应对不同类型压力的能力，并且能够获得某种保护力以便抵抗与压力相关的非健康状态。研究已经证明，对于患有与压力有关疾病的人而言，运动的确可以减轻他们的一部分症状。

身处压力之下，运动可能并非是你首先会想到的事情，相反，在时间紧迫时，运动或许最先被推到一边。但这样其实适得其反，优先考虑运动和睡眠状况可以帮助你避免长期社会心理压力导致的身心不适。在特殊阶段，你需要调整一下运动强度，注意恢复和休息，避免激烈的运动。这时，一次悠闲的散步可能也是不错的身体活动。

运动能比单纯的拉伸练习更好地对抗压力

研究表明，无论是单一的有氧运动和力量训练，还是将二者结合起来的运动，都可以有效改善压力引发的非健康状态。如果运动时能够达到轻微出汗的程度，则有助于获得更好的效果。交替进行不同形式的运动其实好处非常多，这也确实是对抗压力的一个好方法。

在缓解压力引发的精神和身体症状方面，高强度运动比舒缓的运动效果更好。因此，如果你能够逐渐增加运动强度，很可能在抗压方面产生更大效果。坚持定期运动很重要，压力时期的运动建议与平常基本相同。定期适度运动不仅会减少你罹患许多疾病的风险，而且在应对压力这件事上也会让你变得更有韧性。运动还可以调整人的关注点，帮助你将注意力从消极的一面转移开。

可能与你所认为的相反，很多低强度的运动方式，如拉伸和放松，并未证明对压力导致的非健康状态有正面效果。不过，它们可以作为高强度运动后舒缓放松的方式，这样会使下一次高强度运动时身体发送的信号更强。无论怎样，放松和呼吸练习都会对你的健康有所裨益。

睡眠的疗愈力

随着年龄的增长，睡眠障碍会变得很常见，而且睡眠问题与疾病以及精神健康之间也存在着密切的联系。因此，改善睡眠对你的身心健康有着很大的积极影响，而运动就可以改善睡眠。睡眠其实是一个真正的健康伴侣，它会伴随我们的一生。睡眠让身体从一天的事务和压力中恢复，有规律的睡眠才能让我们身心舒畅。睡眠也是人的基本生物功能之一，对大脑发育、学习能力和记忆力都很重要，而且在维持心血管健康、控制血糖水平和保持体重方面也相当关键。睡眠不足在某种程度上甚至是危险的，例如会提高发生道路交通事故的风险。

研究表明，在过去的 10 年中，睡眠，毋宁说是睡眠不足，甚至已经成为一种疾病风险因素，就像不运动一样，会导致 2 型糖尿病等生活方式疾病。因此，你有充分的理由保证充足的睡眠。

年龄对睡眠的影响

随着年龄的增长，人对睡眠的需求往往会减少。老年人睡眠需求较低的原因可能是他们实际上活动得更少了，身体不像处于活跃状态时需要那么长的恢复时间。工作和其他日常活动都会消耗能量，都会让身体需要时间来恢复。因此，如果你在白天通过运动等方式保持着活跃状态，使身体产生疲劳，那么身体和大脑都需要更长时间来恢复，这将有益于睡眠。

需要多长时间的睡眠才能充分休息并感到身心舒畅是因人而异的。但随着年龄的增长，夜间醒来的情况会更为常见，也会扰乱睡眠。很多人都经历过醒来以后难以再次入睡的情况。

睡眠困难还有其他的影响因素。例如人体内可调节睡眠与觉醒周期的生物钟由神经系统控制并受日光影响，因为眼睛内含有感光细胞，所以当它们被光线激活时，会向大脑发送信号。通过这种方式，光照影响着松果体中褪黑素的释放，而褪黑素是我们的睡眠激素，通常是正常入眠的必要条件。光线会导致松果体释放的褪黑素数量减少，这样你便会感到精神。而当天黑时，松果体便会释放出更多的褪黑素，它们会传递"你累了"的信号。

人体内的褪黑素水平一生都在变化，且会随着年龄的增长而下降。女性体内褪黑素水平的下降往往与步入更年期的时间相吻合。褪黑素水平下降对人体带来的整体影响还无法解释，但它可能会导致许多人随着年龄的增长而出现睡眠困难，以及女性出现更年期相关的困扰。

如果白天待在户外，日光照进眼睛会让身体生物钟的运行更为规律。无论是否在日光下进行，定期运动都可以拨快人体的生物钟，让你更容易入睡。而如果是在户外做运动，让身体暴露在日光下，就会对睡眠起到额外的促进作用。因此，何不在运动的同时呼吸新鲜空气，沐浴日光，从而一举两得呢？

如果你在白天感觉良好，也有适当休息，就不必担心自己的睡眠问题。几晚的睡眠欠佳不必紧张，因为身体有种惊人的能力，即使在睡得不太好的情况下也能应付一段时间。不过，如果长期睡眠不足，或者感觉醒来后并没有睡好，并且在白天感到疲劳，那就得思考一下是否有特别的原因导致睡眠不佳。就长远来看，缺乏充足的睡眠不是件好事。因为通常睡眠状况变差是一个人生活状况发生了变化的表现。如果你发现自己的睡眠不足已经导致无法应付日常事务，出现反常的疲劳、情绪波动或无法集中精力，建议去看医生，以便找出原因所在。

锻炼身体，改善睡眠

运动可以助眠。在运动后人会睡得更熟，即深睡眠时间更多，浅睡眠时间更少。深度睡眠对身体机能的恢复很重要，它可以确保在运动后，身体可以充分地恢复。

经常运动可以改善睡眠的另一个原因是体温调节能力得到了提升。体温和睡眠之间具有明确的关联。当你进行运动时，体温会上升，运动后体温也会较为快速地下降。体温轻微下降是身体发出的信号，表明你该休息、入睡了，这也是为什么运动可以让你更容易入睡，而且睡得更好的原因。

如果一天中你并不总能置身户外，那么上午的户外运动会对你的睡眠很有益处，主要原因是能在运动的同时获得很重要的日光照射。即使你无法在白天锻炼，在夜晚进行运动也比完全不运动更有利于睡眠。研究表明，接近睡前时运动会使人更难以放松和入睡，但也有研究显示，只要在睡前的两小时之前运动，就不会产生上述副作用。

但无论怎样，运动时长都相当重要。运动时间的延长会让你睡得更久、更深，而且入睡也会更快，夜间醒来的时间亦会更短。无论处在多大年纪，这种正向的关联都是适用的。稍有强度的运动还会产生更多的激素和其他物质，例如肌细胞因子——一种从肌肉释放到血液中的分子。这些物质在调节睡眠和疲劳感觉方面发挥着重要作用。

除了运动量以外，对于是否存在更有利于睡眠的特定运动形式，目前还没有定论。研究证明，体能训练是一种有效的运动类型，而太极拳和力量训练也对改善老年人睡眠障碍具有良好效果。

运动和良好的睡眠因此可以成为一个良性循环。通过运动，你会睡得更好；而为了有体力运动，你需要睡眠。因此，即使你前一天晚上没有睡好，也应该做做运动，因为这可以帮助你睡得更好，重新回到良性循环中。

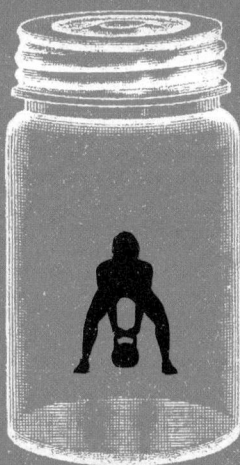

第三章

运动是一剂良药

毫无疑问，大多数人都希望尽可能健康地活着，而不必担心未来会爬不动楼梯或者有受病痛折磨的风险。但如今生活方式却成了导致高血压、2型糖尿病、中风和癌症等诸多疾病的重要原因。不过，可以通过运动来减少患上这些疾病的风险。在本章中，你将了解到一些常见疾病的知识，以及如何通过运动来降低发病风险、减轻病痛折磨。运动可以增加一个人一生中处于健康状态的时间，是一种完全自然的强身健体的方式，能预防和治疗疾病并且副作用极小。

为心脏而运动

人的身体在一生中会发生很多变化，这是无可争辩的事实。这些变化是自然衰老过程中的一部分，但当你读到这里时也一定已经明白，可以通过在生活中做出不同选择来从多方面影响这些变化。比如，此时你已知道尽管年龄在增长，但可以通过运动来推迟甚至完全避免部分衰老现象的发生。没有任何个体的衰老过程是与其他个体相同的，也几乎不存在一种共通的衰老过程，但运动可以影响衰老时的身体状况，且对每个人都有效。

心脏和血管在很大程度上受到生活方式的影响。据瑞典研究者的评估，如果我们对自己的身体进行最适宜的照护，那么多达 80% 的心肌梗死是可以避免的。为了保持身体的健康状态，应保证定期运动、减少压力、吃得健康并且远离烟草。当预防疾病风险的行为产生作用时，其效应往往会相互强化，产生 1 加 1 等于 3 的效果。本章将解释为什么运动是对心脏和血管最好的投资；为什么运动会降低罹患诸如心肌梗死、中风、高血压和下肢血液循环不良等病症的风险。

一堂小型心脏课

先来上一堂简单的解剖课吧。心脏这个器官可以分为左右两侧，每一侧各由两个腔体组成：心房和心室。右心房和右心室接收已经在体内循环一周的血液，再运送到肺部补充氧气。左心房和左心室接收来自肺部的富含氧气的血液，并通过主动脉将其再次送达身体各处。只要心脏在跳动，血液就能通过大动脉泵送进体内，流向身体的所有器官及细胞，为它们提供氧气和养分。

日复一日，心脏都在不知疲倦地泵送着血液，每分钟大约泵送 4～5 升血液，一天内会泵送 7200 升血液。这是一个惊人的数字，况且这还是在你放松的情况下！如果你的身体处在活动状态下，那么心脏会跳动得更快、更有力，特别是当你竭尽全力运动时，心脏每分钟能够泵送多达 15～30 升的血液，这一数字简直令人难以置信。相比之下，一个普

心脏

心脏是由肌肉组成的器官，它将血液泵入肺部进行二氧化碳和氧气的交换，然后将富含氧气的血液泵送至人体的所有器官中。

A. 右心室
B. 左心室
C. 右心房
D. 左心房
E. 主动脉（大动脉）
F. 肺动脉
G. 上腔静脉

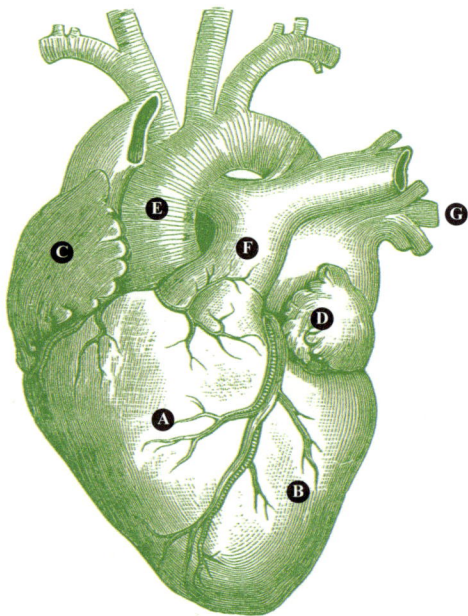

计算最大心率

　　最大心率，即心脏每分钟能够跳动的最高次数。这个数据的个体化差异很大，并会随着年龄的增长而减小。对于青年人来说，普遍使用的公式是：最大心率 = 220−年龄。而中老年人的最大心率可以用另一公式来估算，即：最大心率 = 208−年龄 × 0.7。例如：

- 一个 57 岁的人最大心率：208−57 × 0.7 = 约 168 次 / 分钟
- 一个 70 岁的人最大心率：208−70 × 0.7 = 约 159 次 / 分钟

通的厨房水龙头开到最大，1 分钟内流出的水也不到 10 升。

　　正常情况下，当人处于休息状态时，心脏每分钟大约跳动 50～70 次，这称作静息心率。健康人的静息心率不会随着年龄的增长而发生明显变化，但它会受到身体状态的影响。如果你常常运动，那么静息心率可能比不运动的人要低，因为心脏会随着运动而变得更强壮有力。对于一个经常运动的人，心脏的每次跳动都能泵送更多的血液，所以它并不需要那么频繁地跳动来泵送相同数量的血液。静息心率同样也会受到疾病以及压力的影响，在这两种情况下，即使是休息时，心脏每分钟的跳动都会达到 100 次。

　　那么，随着年龄的增长，心脏会发生什么变化？人在年轻的时候，富含氧气的血液补充进左心室这一过程在很大程度上是被动的，但随着年龄的增长，左心房必须主动收缩才能保证在每次心脏跳动时都能及时充满新鲜的血液。这意味着，随着年龄增长，心脏必须更努力地工作才能完成同样质量的工作，这必然使它承受更大的压力。左心室也会随着年龄的增长而硬化。心脏泵送血液的能力会受到心肌壁的灵活性和柔韧性的影响。因此，较硬的心肌壁会加重心脏的工作负荷。另一个影响因素是心脏在泵送时遇到的阻力 —— 血压。血压越高，心脏的负荷也就越大。关于血压的问题我们在稍后会提到。

让心脏和血管进行有氧运动

简单地说，体能是身体在较长一段时间内持续工作的能力。当你参加体能测试时，也会得到身体使用氧气能力的评测结果。氧气被我们吸入肺部，再进入血液，血液会将氧气送入身体各处的细胞中，尤其是正在活动的肌肉中。

谈及运动，许多人可能会直接联想到慢跑，但如果想让自己更健康，骑自行车、划船、在地势起伏区域借助手杖进行徒步或者跳舞都是不错的选择。

如果你体能较好，就可以进行更长时间的运动。运动会提升你的心脏和肌肉的最大承受力，让你比之前更快地跑完一圈。有了强健的心脏和良好的体能，处理日常琐事也会变得不那么费力。良好的体能不仅仅意味着跑得更快，从健康的角度来看，它在多个方面都极为重要。

良好的体能对心脏真有如此重要的意义吗？答案是肯定的，心肌应当被视作人体最重要的肌肉。一个强健的心脏既能泵入更多的血液，又能在每次心跳时泵出更多的血液。如果你经常做有氧运动，那么每搏输出量[1]会随着时间的累积而增加。这意味着心脏不必频繁跳动来泵送相同数量的血液，减轻了心脏的工作负荷。这一变化可以通过静息心率随着体能改善而下降来体现。你在骑自行车或以一定速度行走时的心率也会比以前低，你感觉更加轻松了。心脏变得更强壮、更有效率后，氧气也更容易到达运动中的肌肉。在坚持运动几个月后，每分钟的心率通常会减少 5~15 次，特别是当你停止运动一段时间之后，感

1　生理学术语，用来描述心脏搏动一次，由一侧心室射出的血量。

受会更明显。这种令人欣喜的变化正体现了心脏功能的改善及其对健康的益处！

随着体能提升，身体的血容量也会更高，这会使心脏更容易向体内泵送血液。不仅如此，骨髓也会产生更多的红细胞以帮助送达氧气到整个身体。

我们可以从有氧运动中获得的益处不仅仅是心脏会变得更加强壮，血管也会受益。主动脉会变得更富有弹性，局部的血管会更粗，这些都会减少血液流动的阻力。而血流阻力的减少又有助于血压逐步下降，这对保护血管最内层的内皮细胞极为重要。高血压和动脉粥样硬化会损害薄薄的内皮层。高血压可能引发炎症反应，增加血栓和动脉粥样硬化的风险。

说到血栓，运动还会减少血小板的凝结，这也是锻炼会降低血栓风险的原因之一。

让肌肉中生长出更丰富的血管，以获得充足动力源

如果你定期运动，耐力便会增强，可以在走路、跑步或骑自行车时保持较高的速度。产生这种效果的原因之一便是肌肉发生了变化，使得血液中的氧气和养分更容易被身体吸收。对于体能好的人而言，他们肌肉细胞周围的毛细血管网络更为发达。经常锻炼有助于生长出更多的毛细血管，因而体能好也意味着肌肉内的血管更多。虽然这些变化听上去并不大：一个体能好的人，肌肉中的毛细血管数量可能比体能差的人多出 15%～40%。但这样的差异是十分显著的，因为这会使得氧气和养分更容易到达肌肉细胞，从而更好地清除二氧化碳和其他代谢废物。更发达的毛细血管网络也有助于运动时肌肉产生的热量能更有效地散发出去，因此能够更好地调节体温。

伯尔格：81 岁，一生爱运动

　　也许你已经把运动变成了日常生活的一部分，但如果改变一下训练内容，可能会获得更好的效果，伯尔格就是一个很好的例子。他在一个乡村农场里长大，小学时，每天都要步行 4 千米以上的路程去坐校车。在此后的大半生中，伯尔格都很爱骑马、打壁球和慢跑，但从未真正制订计划来定期训练。在工作之余，他也会打理马厩，每周游泳 1 次。马术学校停办后，伯尔格意识到他需要更多的运动。他开始每周游泳 2 次，偶尔散步，从而增强体力，减轻体重，希望让自己"慢一点变老"。当被问及如何保持运动的动力时，他说："到了我这个年龄，会明显注意到体力大不如前，但同时也会发现只要运动就会有效果，这鼓励我继续下去。"伯尔格现在每周坚持游泳，并慢速散步 5~6 次。他还买了一个健身拉力带，每天用它以较大力度做 6~8 分钟的手臂和腿部运动。他说，简单的力量训练产生了神奇的效果，他的手臂和腿都变得更强壮了，尤其是身体的核心肌肉群。每天早上醒来时，伯尔格都觉得充满活力，生活也很充实。

　　如果我们看一下肌肉细胞的内部结构，就可以观察到，在进行有氧运动时，细胞内线粒体的数量也会增加。线粒体经常被描述为细胞的发电站，食物中的养分正是在线粒体中转化为能量。身体需要酶将脂肪和碳水化合物分解为脂肪酸和葡萄糖，而此类酶便存在于线粒体以及其他细胞中。酶进行分解产生三磷酸腺苷（ATP），这是一种富含能量的物质，供肌肉和身体其他部分使用。这些酶会更多、更有效地产生于有氧运动中，从而使肌肉可以工作得更久且不易疲劳。经常运动的肌肉细胞内会储存更多的养分，主要是碳水化合物以及一些脂肪。这些储备是有益的，有助于肌肉在锻炼时更容易获得所需要的养分。

正如我们在第一章提到的，线粒体很可能在细胞衰老的过程中发挥着重要作用，年龄越大，线粒体的数量也就越少。但只能如此吗？当然不是，有氧运动会让肌肉细胞中健康和功能良好的线粒体数量增加。这样线粒体的减少就不会对衰老产生过多的负面影响，而会成为一种积极的力量。

心血管疾病

在瑞典，患有心血管病的人数正在增加。当今有 190 万瑞典人患有心血管疾病，其中绝大部分是 65 岁以上的人。

在过去的 30 年里，相关的研究和医疗都取得了进展。尽管心血管疾病（特别是高血压）的发病率在增加，但心肌梗死的发病率却在下降，死亡率甚至减少了一半。其中心肌梗死的死亡率下降最明显的是 85 岁及以上的人群。即使有这样的科学进步，在瑞典，心血管疾病仍然是最常见的死亡原因。根据瑞典心肺基金会提供的信息，平均每天有近 100 人因心血管疾病而离世。心脏健康与我们所有人都息息相关！

疾病往往由诸多原因导致。心血管疾病的一些最常见的患病风险因素包括：

- 高血压
- 近亲中有早年患上心血管疾病的人
- 2 型糖尿病
- 血脂紊乱 / 高胆固醇
- 吸烟
- 超重、腹部肥胖
- 精神压力大
- 不爱动

即使你可能已经带着部分风险因素生活了一段时间，但如果改变生活方式，仍然可以在身心感受和体能方面得到收益。

心肌梗死和生活方式

瑞典一项涉及 2 万多名男性的大规模研究显示，如果能更好地照护我们的身体和心脏，80% 的心肌梗死是可以避免的。研究召集了在加入项目时处于健康状态的参与者，然后进行了 11 年的跟踪随访。在此期间，有超过 1300 名参与者患上了心肌梗死。研究人员发现这些人中多达 79% 的心肌梗死可以用已知的风险因素进行解释，如吸烟、肥胖、不健康饮食、缺乏运动和饮酒。换句话说，如果拥有更健康的生活方式，参与者中 80% 的人的心肌梗死是可以避免的。

当然，这一研究的结果也适用于女性，尽管女性患上心肌梗死的时间平均比男性晚 10 年左右。但经过对 24000 名 48 至 83 岁瑞典女性的调研发现，患心肌梗死的人和没有得病的人在生活方式上有着很大差别。那些平时饮食以蔬菜、水果、鱼和全谷物食品为主，经常运动、适量饮酒和不吸烟的人，患上心肌梗死的风险相比其他人低了 92%。这听起来简直难以置信。不过这个数据确实不能说明一切，因为研究中只有 5% 的女性完全过着上述那种健康的生活。

对 48～83 岁的人群而言，可以降低心肌梗死风险的生活习惯：
- 饮食以蔬菜、水果、鱼和全谷物食品为主
- 经常运动
- 适量饮酒
- 不吸烟

即使发生了心肌梗死，进行运动仍然有益于恢复。18世纪的疾病诊断书中就有运动会产生积极效果的描述。但由于某些原因，这些医学发现被遗忘了，直到20世纪60年代，运动才开始重新被纳入这一疾病的治疗手段。

心肌梗死最常见的原因是动脉粥样硬化，这是一种血液中循环的各种脂肪类物质堆积在动脉壁上的现象。当巨噬细胞——一种炎症细胞吞噬脂肪并形成泡沫细胞时，就会产生细胞内的脂肪堆积，从而形成粥样斑块，造成血管壁硬化。人在一生中会逐渐产生不同程度的动脉粥样硬化，但如果你的生活方式不健康，这个过程便会加快。有时粥样斑块会破损，形成一个小溃疡，激活血液中帮助血液凝固的血小板，这就会导致血栓的形成，从而部分或完全堵塞受影响的血管。当这一堵塞发生在心脏的某条冠状动脉上时，便被称为心肌梗死。冠状动脉是为心肌供应氧气和营养的血管，被堵塞的血管所供应的心脏部位会受到缺氧的影响，这往往会导致胸痛。血栓溶解的时间越长，血管受损的情况就越严重。如果缺氧时间太长，受影响的心肌细胞就会

好胆固醇和坏胆固醇

正如吸烟者可以通过戒烟来改善健康状况，不运动的人也能通过运动减少患上各种疾病的普遍性风险。那么，运动是否对血脂有影响呢？当然有。研究表明，从事体力劳动或在日常生活中经常活动身体的人，血液中的好胆固醇——高密度脂蛋白胆固醇水平往往较高。研究也表明，即使是一次运动也会对血液中好胆固醇和坏胆固醇的平衡有好处。如果你经常锻炼，那必然受益更多。想要对血脂水平产生影响，最主要的是做有氧运动，需要达到略微出汗的强度，这样心脏才会进入努力工作的状态。目前看来高密度脂蛋白胆固醇水平受运动影响更明显，运动得越频繁，效果就越好。

死亡，而且这种细胞一旦死亡便不再复生。这些部分会被瘢痕组织所取代。

通过运动改善血脂水平

心血管疾病最常见的原因是动脉粥样硬化，这通常由高脂血症引起。虽然造成高血脂的原因有很多，但正如我们之前谈到的，血脂也受生活方式和运动的影响。高血脂意味着血液中的胆固醇或其他脂肪水平升高，或者血液中不同脂肪间的比例不佳。往往只有在你患上如心肌梗死之类的疾病后，才会发现自己患有高脂血症。因此，不要等待，要及早预防。

远离"橱窗购物征"

你听说过"橱窗购物征"吗？或许你正在受到它的困扰？当腿部用力时你是否会感到疼痛？这种疼痛可能是因为腿部的血管变得狭窄，从而导致血液循环受阻。当血液无法到达，肌肉就会因为缺氧而出现疼痛。之所以称之为橱窗购物征，是因为有这种症状的人可能因为腿痛而

高血压与低血压

血压的测量单位是毫米汞柱（mmHg）。测量血压时会得到两个不同的数值，例如 120/80 毫米汞柱。第一个数值表示心脏收缩和泵出血液时，血液产生的压力最高值。第二个数值是心脏舒张、充入新血液并为下一次心跳准备时，血液产生的压力最低值。正常的高压值为 110—130 毫米汞柱，低压值为 70—80 毫米汞柱。如果低压超过 90 毫米汞柱或高压超过 140 毫米汞柱，通常认为是较高的血压值。

不得不在走路时停下来，假装看着商店的橱窗。经过短暂的几分钟休息，疼痛症状消失，就可以继续再走一段时间。在医学术语中，这种疾病被称为间歇性跛行，主要由动脉粥样硬化引起。

如果你患有间歇性跛行，除戒烟之外，运动是最有效的治疗方法。建议将步行作为首选，以其他形式的运动作为补充，同样，运动次数越多则效果越好。1988 年苏格兰医生埃德·豪斯利（Ed Housley）在《英国医学期刊》（*British Medical Journal*）上发表的一篇文章中对腿部动脉疾病有过总结性建议："治疗间歇性跛行的五字方针——戒烟和运动。"因此，最好的治疗办法是尽可能地保持运动量。如果是吸烟者则必须戒烟。

高血压——全球最常见的死亡原因

高血压在当今社会是种极为常见的病症。根据世界卫生组织的数据，高血压是世界上最常见的导致过早死亡的根本病因。在瑞典，约有 25% 的成年人被诊断出患有高血压。在 65 岁以上的人群中高血压患者则更为常见，在 65～84 岁的高龄者中约有一半人患有高血压。许多人甚至都不知道他们患有这种疾病，因为自己通常并没有感觉。发现是否患有高血压的唯一方法是测量血压。

血液在循环系统中需要一定的压力才能到达身体各处，抵达最微细的末梢血管。血压的大小取决于心脏每分钟泵送多少血液以及血管中的阻力有多大。人的血压在一天中的不同时间是不同的，通常在晚上的时候最低。有许多因素可以影响血压的高低，例如精神压力就会使心率加快，血管收缩，从而增加血液的阻力，导致血压升高。

每 10 个高血压案例中，可能 9 个人都不能明确知道原因，但高血压与肥胖、2 型糖尿病、缺乏运动、吸烟、大量饮酒、不健康的饮食习惯和年龄增长之间有着密切的联系。遗传因素可能也起到了某些作用。

如果已经出现了高血压，其实是动脉粥样硬化和血管壁变硬的一个迹象。从长远来看，这将导致血管硬化，并增加罹患其他疾病的风险，如中风和心肌梗死。血管硬化通常是衰老的标志之一，也是中风和心肌梗死风险增加的标志，尽管血管硬化不必然导致后两种病症。从积极的角度来看，血管硬化也可以通过运动来缓解。

运动可降低血压

无论是否有高血压，有氧训练对血压都会带来正面影响：如果你血压正常，运动并不会使血压降得更低，而是有助于预防高血压；如果已经出现高血压，也可以通过运动来帮助降低血压。

即使不做定期运动，散步也会产生积极的效果，这点已得到明确证实。在对一组平均年龄为 56 岁的男性和女性进行的测试中，让受试者连续 12 周以低强度的方式每周步行 4 次，每次持续 1 小时。之后，测量这组人群的血压 —— 高压平均下降了 11 毫米汞柱，低压下降了 5 毫米汞柱。如此明显的血压降低不但对健康很有好处，而且会减少患上心肌梗死、中风和肾脏疾病的风险。换句话说，增加隔天一次的步行锻炼，给此项调查的参与者带来了明显的健康收益。

尽管有氧运动和力量训练都有助于降低血压，但有氧运动经证明更加有效。运动就像是我们一直带在身上的一剂妙药，只等着被你激活。

在运动过程中，血压究竟会发生什么变化？首先，在做有氧运动并使用身体的大肌肉群时，高压会上升。这对于健康人而言是完全正常的，有助于血液为正在工作的肌肉供氧。不过，对患有高血压的人而言，运动时血压上升得更为明显。

如果高血压本身并非好事，那么在运动过程中的血压升高为什么会

术前健身

  大约 15 年前,"术前戒烟"手段被引入治疗过程,即病人在计划进行手术前需要戒烟。这种方法现在已毫无争议,因为这样做可以大大减少因血栓、肺炎或伤口感染所造成的再次手术的风险。同时,病人术后的伤口愈合情况也有所改善。术前戒烟 8 周和术后戒烟 8 周所取得的效果最好。假如遇到一个紧急手术,你仍然可以通过在手术后立即戒烟来帮助自己恢复,同时取得更好的治疗效果。而在计划手术前进行健身如今也逐渐成为越来越普遍的建议。众所周知,在手术前保持身体状况良好对手术很有意义,"术前健身"的手段也已被证明有多方面的积极作用。手术对身体的要求很高,因此,尽可能保持良好的状态是极其重要的。而经常运动的人,其身体的多项机能也都会更好。如果你的肌肉和心脏都很强劲,那么摄入氧气的能力会更强,血压也不会过高。手术前健身已被证明可以加快痊愈和康复的速度,同时降低出现并发症的风险。

有好处?这是因为运动本身会激活体内的压力系统,尽管在运动期间血压会升高,但运动后人的压力激素水平会比运动前更低,这就是运动对心脏和血管有益处的原因之一。

  你肯定已经猜到了,长期运动有可能会对血压产生更为持久的影响,事实上,哪怕是一次运动也会产生效果。在一次有氧运动后的几个小时内,血压会比不运动时的数值下降 10～20 毫米汞柱。这种现象被称为"运动后低血压",并可以持续近 12 小时。效果的大小和持续的时间取决于运动时间和运动强度。在 8～12 小时后,血压会恢复到之前的水平,此时需要尽快再次服用良药——运动。这也意味着假如你早上做运动,血压在一天中都会比正常情况下更低,这对健康非常有益。是不是很棒?

心律不齐的时候

你的心脏有时会跳得有些不均匀吗？心律失常，也称心脏节律不整，泛指非正常的心跳节律。最常见的心律失常形式之一就是心房颤动（简称房颤），人群中通常有 3% 的人会出现这一问题。房颤在老年人中更为常见，在 75 岁以上的高龄者中多达 10% 的人患有房颤。

伴随着房颤的一个常见症状是体能下降。其他症状还包括疲劳、心悸和胸部不适。此外还有 33% 的房颤患者并无任何症状。

许多患有心律失常的人都有潜在的心血管疾病，比其他人群更有可能发生中风。这就是为什么心律失常患者需要通过治疗来调节心律，如果这些治疗方法仍无法恢复正常心律，则会使用抗凝血剂。

体能差、不爱动、超重人群身上发生房颤的风险最高。在经常运动的人群之中，当运动量达到或超过了通常建议频次，患上房颤的风险最低。但在一小部分运动强度极高的人或专业运动员中，房颤的发生率却在升高，尤其是那些年龄较大或几十年来一直保持高强度、大运动量训练的运动员。导致这些专业运动员房颤风险增加的原因可能是他们较低的静息心率。他们的心房比未经运动训练的人扩张得更大，加上长时间的疲劳，使得心肌壁上容易形成增生的结缔组织。不过，这些运动员中风的风险却未见增加，可能是因为他们身体状态比较健康，极少有其他风险因素。

如果已经出现了房颤，运动则有助于更好地控制心率。运动会让神经系统的制动部分 —— 副交感神经系统更加活跃，从而起到调节心率的作用。如果你有心律失常的问题并计划运动，那么建议先做一次自行车测功仪测试，再做一次心电图。

运动对治疗肺部疾病的益处

到目前为止，本章主要讨论运动对心脏和血管的益处。不过心脏能够泵出含氧血液的先决条件是肺功能的运转良好。而随着年龄的增长，我们的胸腔会变得越发僵硬，呼吸肌群也会衰弱，肌耐力降低。这些都会使得呼吸的潮气量有所减少，老年人在从事体力活动时的潮气量会更少。

有力的呼吸肌群有助于扩大肺活量。和身体中的其他肌肉一样，是否经常使用也会影响这些肌肉的表现。如果这些肌群未得到充分使用，它们会逐渐变弱且容易疲劳，这样肺部吸入空气就会变得困难，即使在不做任何剧烈运动的时候也是如此。

肺容量主要由胸腔的大小决定。因此，男性的肺容量往往比女性高。肺容量对体能的影响并不大，因此往往不是肺容量限制了氧气吸入量和体能。对于大多数人而言，肺容量比我们在日常生活中身体需要的要高。因此，当你进行运动并需要大量吸入氧气时，肺部有足够的储备容量。

换句话说，运动不会使肺部变大，也不会增加肺容量。但运动可以让负责扩张和压缩肺部的肌肉群变得更强壮、更具耐力，因而能够更好地利用肺容量。

影响呼吸系统的常见疾病是哮喘，这是一种慢性的呼吸系统疾病，由于遗传，通常从儿童时期就开始出现，但也会在任何年龄段发生。尽管哮喘可以得到有效的药物治疗，但仍有很多人感到这种疾病极大地限制了他们的日常生活和运动。因为哮喘病人的气道容易受到刺激，所以在运动时常常会出现呼吸困难，这使得许多哮喘患者不爱活动身体，更不愿意进行运动。

但其实哮喘病人可以从运动中获得很多好处。运动会带来改善体能的效果，会缓解用力时出现的呼吸问题，也会减少对药物的需求。

为了不让身体出现不适，哮喘病人在运动前一定要注意用药，并确保先进行热身，接着平稳、缓慢地增加运动量。除此以外，给哮喘病人的运动建议与正常人相同。

慢性阻塞性肺病（COPD）是一种肺部疾病，患者气道会变得僵硬和紧缩，肺泡数量也会减少。患上慢性阻塞性肺病时，会出现呼吸短促、肺部为血液供氧困难的症状，此外，体能下降也会使病人的肌肉感到格外疲劳。这听上去并不适宜运动，但慢性阻塞性肺病患者是否可以运动呢？答案是肯定的，应该根据身体能力来进行适当的运动。

慢性阻塞性肺病的主要成因是吸烟，但非吸烟者也会患上此病。近年来，患病群体的人数有所增加，科学研究正试图找出其原因。虽然目前没有证据表明运动可以预防慢性阻塞性肺病，然而有氧运动和力量训

肺部

肺部的气管由许多分支组成，这些分支的末端是数以百万计的肺泡。呼吸过程使我们吸入氧气并呼出二氧化碳。

A. 甲状软骨（喉软骨的一
   部分）
B. 气管
C. 右主支气管
D. 左主支气管
E. 细支气管（最细的
   气管）
F. 肺泡

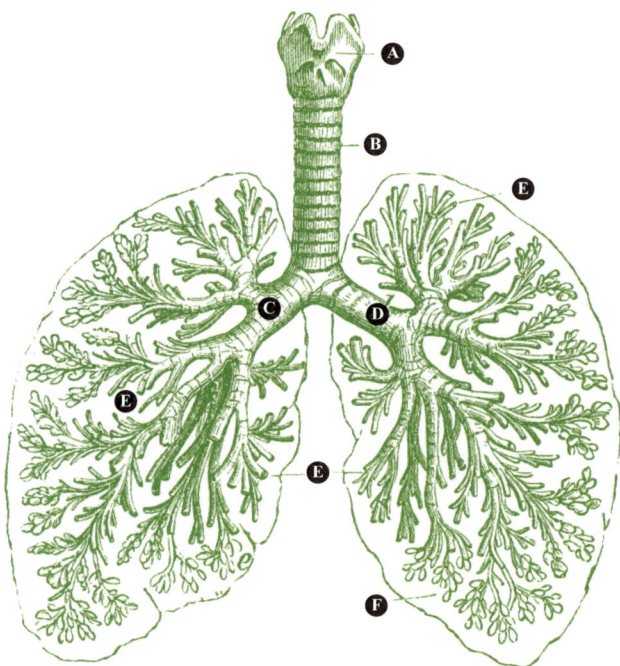

练都可以让慢性阻塞性肺病患者的身心感觉更好，有更多的精力，缓解气短和焦虑症状。如果你患有慢性阻塞性肺病，可以尝试步行、借助手杖徒步和室内游泳。上述运动最好间隔进行，将整段的时间分成小的运动单元，中间有短暂的休息时间，这样可以获得更好的运动效果。

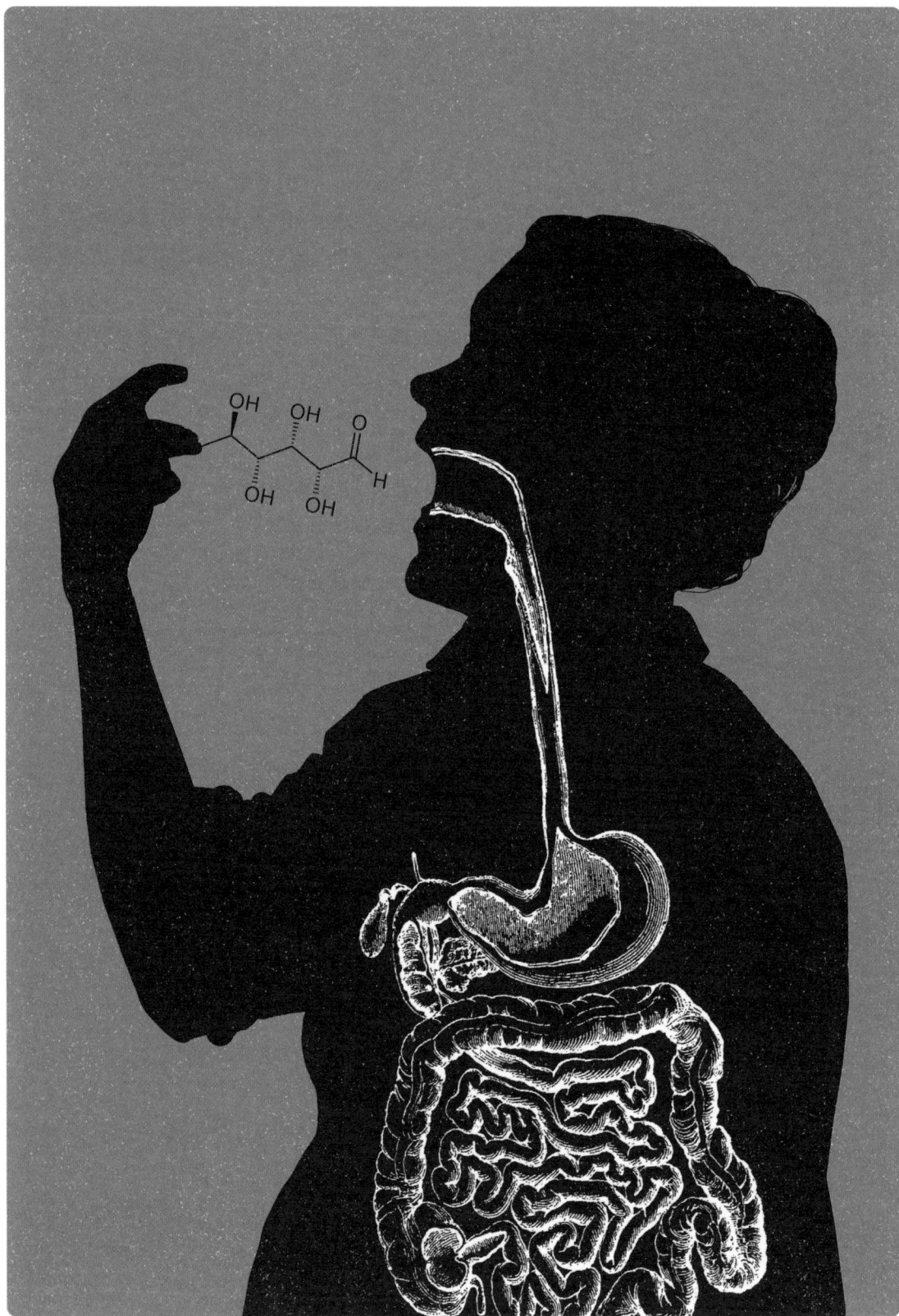

运动降低血糖

人体是通过一种激素——胰岛素来调节血糖的。如果身体出现胰岛素生成功能障碍，就属于 1 型糖尿病，病人需要补充胰岛素才能生存；然而最常见的糖尿病却是 2 型糖尿病。由于 2 型糖尿病在老年人中最为常见，因此也曾被称为"老年性糖尿病"。

为什么有这么多关于血糖的讨论？

有时，你身边可能会有人突然大叫："我现在就需要吃东西，我的血糖已经低得不能再低了！"可能你也读过一些文章，声称人需要保持血糖水平的稳定。那么血糖究竟是怎么一回事呢？

自古以来，人类就是杂食性生物。为了使身体所有部位都能够得到正常运转所需的能量，很重要的一点就是要摄入各种类型的营养，包括碳水化合物、脂肪和蛋白质。

碳水化合物存在于很多食物中，甚至是一些你可能想象不到的食物，例如面包、意面、土豆、根茎类蔬菜、水果和浆果，这些都是富含碳水化合物的食物。碳水化合物在小肠中被分解为最小的组成部分——单糖。身体中最常见的单糖是葡萄糖，可以成为所有细胞的能量来源。葡萄糖是大脑主要的能量来源，大脑需要依靠它来发挥自身的最佳功能。

大多数细胞也可以使用脂肪酸以及部分蛋白质作为能量来源，但大脑中的神经细胞和免疫系统的部分细胞则通常需要葡萄糖作为其能量来源。由于大脑只有在能量供应稳定时才能正常运作，因而人体善于调节血液中的葡萄糖浓度，将其保持在一个稳定的水平。

胰岛素对抗高血糖

在无碳水饮食法风行多年后，如今许多人仍然视碳水化合物为洪水猛兽。的确，即使完全不吃碳水化合物也能够生存，因为肝脏可以从其他的能量物质中合成少量的葡萄糖。但从健康角度来看，没有理由拒绝吃碳水化合物，尤其是分解速度较慢的碳水化合物。

人在进食后，血糖水平就会上升，因为食物中的碳水化合物在小肠中分解并被输送至血液中。当血糖上升时，胰腺便会释放胰岛素。胰岛素仿佛是把守在肝脏和肌肉细胞表面的一道门户。也可以说，胰岛素管理着一把用来打开锁的钥匙，当这把钥匙打开大门时，血液中多余的葡萄糖就可以输送给细胞使用，或储存起来以备不时之需。通过这种方式，让血糖迅速恢复正常水平。

如果体内的血糖下降至过低的危险水平，也还有其他激素可以帮助调整。假如储存在肝脏内的葡萄糖用完了，人体也可以在压力激素皮质醇的帮助下从脂肪和蛋白质中生成葡萄糖。人体内的这一套聪明的系统意味着一个健康的人并不那么容易出现极度危险的低血糖水平，因为身体还有脂肪和肌肉，可以分解成葡萄糖。相反，一个糖尿病患者如果不小心注射了过多的胰岛素，就会出现血糖水平过低，有可能导致低血糖症，甚至是胰岛素休克。

当一个人身体健康时，通常血糖调节能力也是正常的，无须担心。不过如果身体调节血糖的能力出现减退，最终也会导致疾病。如果糖尿病的治疗效果不佳，那么身体会长期处于高血糖水平的状态中，将导致难以治愈的损伤和疾病，如眼部损伤、肾脏衰竭、神经损伤和足部溃疡。

运动可以预防和治疗 2 型糖尿病

患 2 型糖尿病的风险会随着年龄的增长而增加，瑞典 70 岁以上的人群中大约有 20% 会受到这种疾病的困扰。2 型糖尿病通常是不容易被发现的，因为可能没有明显的症状。同时这种病也是慢性的，如不治疗，血糖水平会一直处于高位。

良好的生活方式在预防和治疗 2 型糖尿病方面有极为重要的作用。人们已知肥胖会导致胰岛素的敏感性降低，这被称为胰岛素抵抗。而胰岛素抵抗会增加人体患上 2 型糖尿病的风险，这种疾病又往往进一步导致胰岛素分泌功能的恶化。预防 2 型糖尿病的必要性在于糖尿病带来的高血糖水平会损害血管，并增加患上其他心血管疾病的风险。

与降低心血管疾病风险的方法一样，饮食多样化、每餐食量均衡、保持体重，并在日常生活中尽量定期运动，都会对预防 2 型糖尿病有很大的帮助。

当然，不能把所有的问题都归咎于生活方式，遗传因素也会增加患上 2 型糖尿病的风险。

尽管如此，运动锻炼的重要性仍旧是无法忽视的。这是因为当你在运动时，除了肌肉，体内会同时发生很多变化，人体的各个器官都会被激活。运动效果既包括在运动时立即产生的，也包括长期的效果，这些效果可能会伴随你的一生。

如果你患有 2 型糖尿病，那么运动可以通过多种方式来影响你的身心感受。例如，运动会使胰岛素敏感性得以改善，血糖将因此稳定在较低和健康的水平。

达到这种效果的原因之一在于肌肉活动本身为葡萄糖进入肌肉细胞打开了大门——正在工作着的肌肉可以在没有胰岛素帮助的情况下摄取一部分葡萄糖，而且一次锻炼就可以使肌肉细胞对胰岛素的敏感性持续提高 1~2 天。这意味着胰腺不需要释放那么多胰岛素就可以达到同等效果。由于这一效果在运动在 2 天后才会完全消失，所以每隔 1 天左右运动一次就可以。

运动量和血糖调节之间存在着明显的关联，高强度的运动可以密集性地补偿运动时长较短的问题，不需要长时间运动也可以对血糖调节产生同样的效果。

有没有什么特别针对血糖调节的运动？其实无论是选择有氧运动还是进行力量训练都不重要，任何运动都会产生效果。目前来看，将力量训练与有氧运动结合起来是最好的。

你甚至也并不需要购买健身房会员卡，只要出门走路就可以了。研究表明，每周 5 天，每次快步走半小时的人，与不走路的人相比，患上 2 型糖尿病的风险会低 30%。不要静坐太久也很重要，每坐 20 分钟后，即使站起来走 2 分钟，也会对超重人群的血糖水平有良好影响。

运动对于抵抗代谢综合征也很有帮助，代谢综合征是高血压、肥胖、空腹血糖受损和高血脂等一系列症状的总称。运动时间越长、运动强度越高，效果的差别也就越大。即使是几分钟的活动，对久坐人士而言，也能减少患上代谢综合征的风险。如果你知道自己吃得有点多，而且长时间坐着不动，那么用低强度的身体活动来取代久坐，一定会有不少收获。

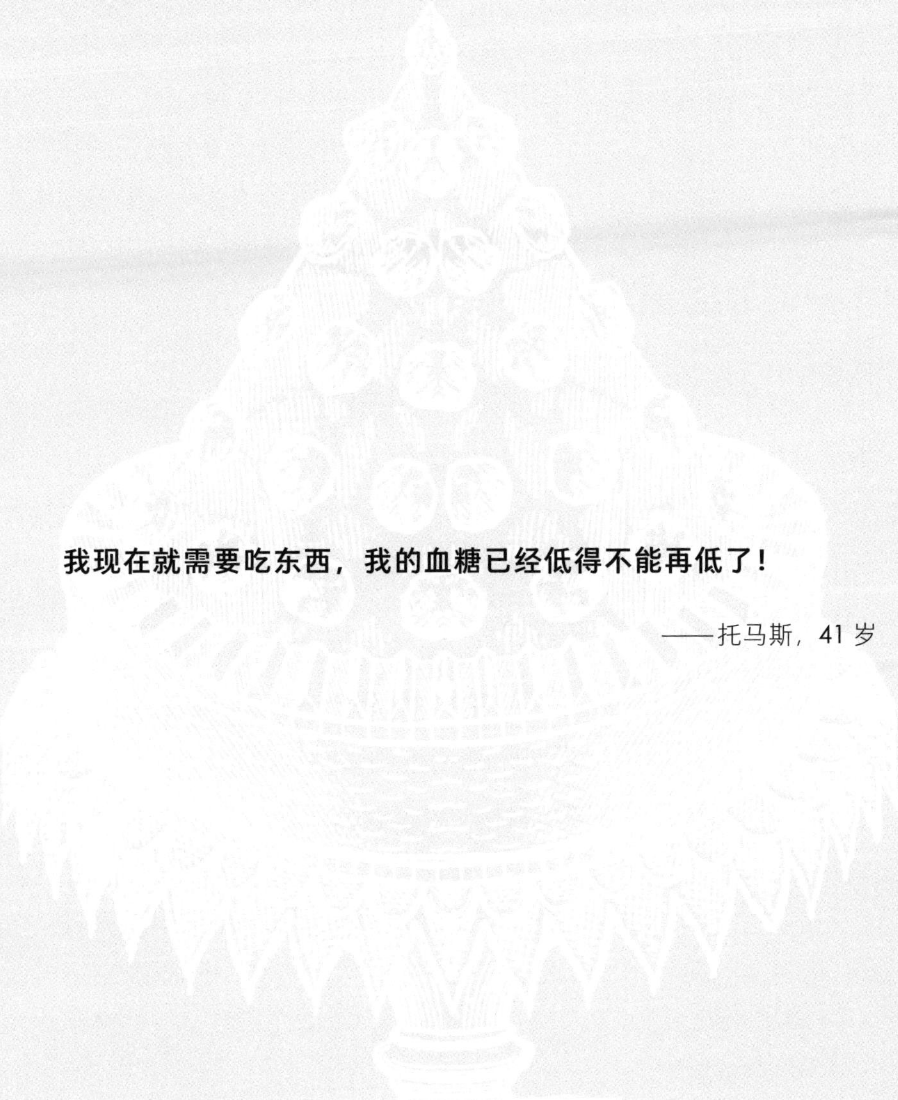

我现在就需要吃东西，我的血糖已经低得不能再低了！

——托马斯，41 岁

RECEPT/FYSISK AKTIVITET

Receptutfärdaren anger genom signum vilka speciella försiktighetsmått som kan behöva iakttas vid genomförandet av de fysiska aktiviteterna.

F = Försiktig start

U = Undvik vissa aktiviteter

O = Inga speciella försiktighetsmått

Patient (födelsetid och namn)

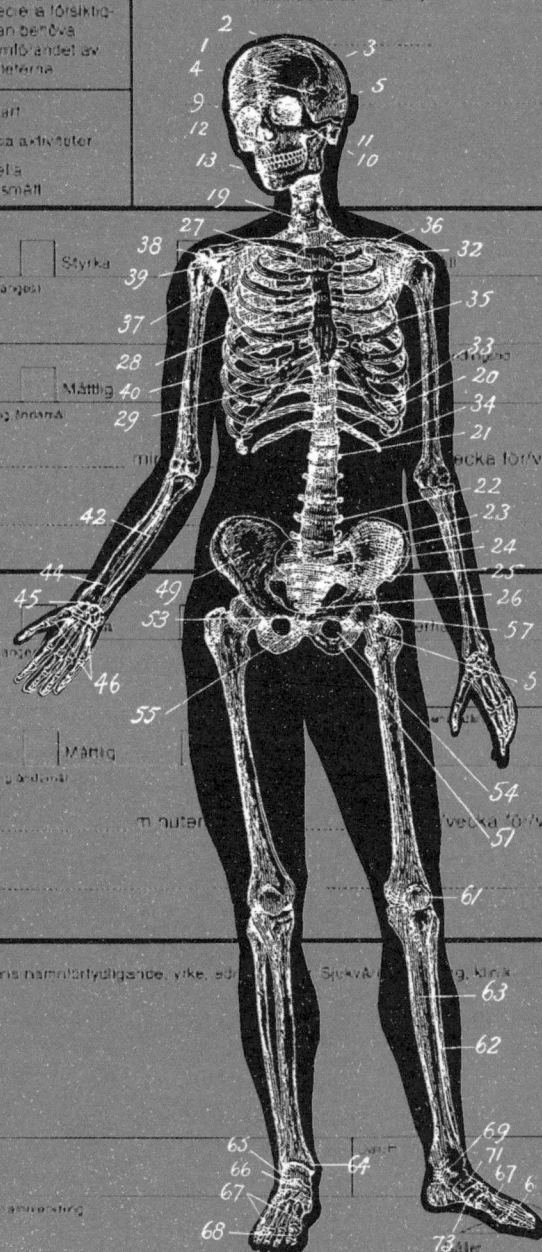

爱运动的人罹患癌症的风险低于不运动的人

癌症其实是一类较常见的病症，每 3 个人中至少有 1 个人会在一生中的某个阶段患上癌症。癌症是由基因突变引起的，其风险随着年龄的增长而增加，每 10 个被诊断为癌症的患者中有 7 个是 65 岁及以上的高龄者。拥有健康的生活方式，例如保持长期运动的习惯，这样的人罹患各类癌症的风险也会较低。

什么是癌症？

癌症并非某一种单一疾病，而是大约 200 种不同疾病的总称。这些疾病的共同点是体内的细胞开始以一种不受控的方式生长并形成肿瘤。我们通常会将肿瘤分为良性和恶性，良性肿瘤生长缓慢，且只生长在发现它的部位；与之相对，恶性肿瘤可以扩散到邻近的组织，也可以通过血液循环和淋巴系统形成子肿瘤，也被称为转移瘤。在瑞典，女性最常患上的癌症是乳腺癌，男性则是前列腺癌。恶性黑色素瘤和其他的皮肤癌排名第二，结肠癌则排在第三位。

我们无法确切知道哪些人会得癌症，致病的风险因素包括年龄、遗传和生活方式。从出现第一个病变细胞到发现肿瘤或出现症状往往会经历很长的时间，有时甚至长达几年。

生活方式对癌症风险的影响

虽然遗传因素不可忽视，但有很多证据表明，生活方式在影响癌症风险中扮演着重要角色。据估计，在瑞典的癌症病例中有不少于 70% 的癌症在某种程度上是由生活方式因素引起的。这是一个高得惊人的数字，实际上很多人都可以通过不吸烟、健康饮食、适量饮酒、定期运动和避开强烈紫外线来减少患癌的风险。

但生活方式并不能改变一切。有些人尽管已经遵循健康指南来生活，但还是不幸地患上了癌症，所以我们不应该将患病完全归因于患者自身。不过好好照顾自己，确实可以显著提高生存率。对于已经患上癌症或其他疾病的人，如果身体强健，那就意味着拥有不错的"装备"，可以更好地应对治疗。

运动本身就对某些癌症有预防作用。如果你经常锻炼，患乳腺癌、子宫癌和结肠癌的风险会降低 20% 之多。而且运动越频繁，患癌风险就越低。即使是低强度的运动，如骑自行车或步行上班，也会降低这类癌症的风险。

运动是如何产生上述这些影响的呢？实际上，确切原因我们还无法得知。正如我们之前提到的，运动会影响身体中一系列信号的产生和系统运作的过程，很难分离出单一的过程，并将其与某种特定的疾病联系起来。所以降低患癌风险的因素可能也不是单一的，而是几种因素的组合。例如，运动可以提高细胞修复系统的效率，激活某些具有抗肿瘤作用的白细胞，缓解炎症，并降低血液中的雌激素和胰岛素水平。运动也有助于保持体重，超重容易引发全身炎症，而全身炎症又会提升患癌以及癌症复发的风险。

确诊癌症后的运动

对于确诊癌症的人而言，无论是在治疗期间还是在恢复期内，运动对他们的益处和健康人群几乎一样。

在运动产生的积极影响中，很重要的一点是有助于提高愉悦感，改善日常生活的质量。在患病时，运动对促进积极情绪很重要。运动还能够缓解癌症带来的疲倦无力、恶心、焦虑，可以改善睡眠，同时会提升体能、肌肉力量和生活质量。一些研究表明，在化疗期间同时进行体能和力量训练的人不那么容易感到疲倦，生活质量也得到了提高。因此，哪怕你正在接受癌症治疗，也同样可以通过运动改善身体的健康状况。

还有研究表明，那些确诊癌症后开始运动或继续保持运动的人死亡率也相对较低。这或许是因为血压和血糖水平得到了改善。个别研究还显示，上述人群在癌症治疗后复发的风险也较低，不过仍然需要更多的研究来证实这一点。

运动本身的社交属性也很重要，它会让人在患病期间也能感到日常生活更趋向正常状态和有条理。在化疗期间，患者的心情确实会起伏不定，所以根据当天的感觉来调整运动方式是非常重要的。

与健康人群相比，癌症患者的运动效果实际上并不会"打折"。有研究显示，癌症患者所进行的高强度运动，也同样取得了良好的效果。换句话说，癌症患者可以通过合适的方式进行运动，而不必担心对身体而言过于激烈。如果能热爱运动，而且经常运动、出汗，那就再好不过了。

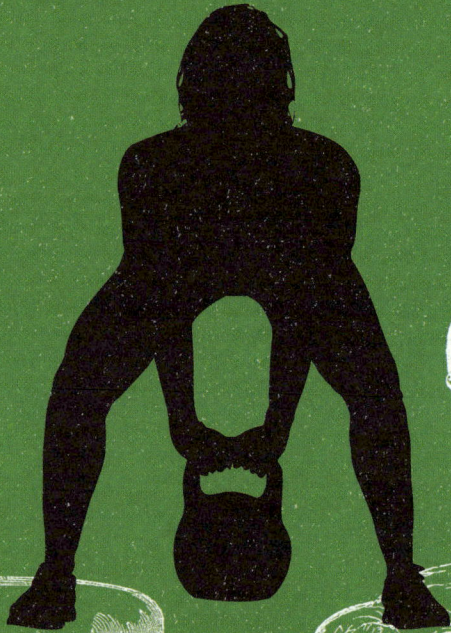

强健且充满活力

身体的肌肉量高不但有益健康，也会让你的生活充满生机。通过运动努力保持尽可能高的肌肉量，可以减少跌倒的风险，使得可以自己轻松照顾自己的时间更长，更好的体力也会让你在处理日常琐事时更轻松。定期运动还能强健骨骼，预防和缓解各类疼痛。

让肌肉保持活力

当你在训练中挑战自己的力量和体能时，身体会通过变得更强壮和更有耐力来进行回应。如果停止运动，身体状况便会不可避免地朝着相反的方向发展：肌肉逐渐缩小，耐力慢慢弱化。这是由于人体不会大量保留不使用的肌肉，因为即使在休息时，肌肉也要消耗身体的能量来维持。而每次运动时，大量肌肉细胞被激活，会使得它们为下一次运动做好准备。但如果两次运动的间隔时间过长，肌肉细胞中的这些过程就会停止，原本正向的趋势也会开始逆转。

不过你可能会想，肌肉量少一点，有那么糟糕吗？是的，关注肌肉量比仅仅关注运动本身更有意义。随着年龄的增长，肌肉量减少和力量变弱的情况会发生得更快，以至于应付日常生活也会变得困难。突然间，你会发现拧开罐头盖或爬楼梯都不那么轻松了，而且惯性会使我们在困难的事情面前退却。最终，你可能会对是否要出门都感到犹豫不决。这样一来还会有正常的社交生活吗？有很多研究表明，积极参加社交活动可以使人在衰老过程中仍然保持健康、活跃。因此运动可以在很多方面影响生活，而不仅仅是保持心脏和肌肉的强健。

停止运动后，以往所积累的肌肉就会消失，这听起来很让人沮丧。不过从乐观的角度来看，这说明维持身体健康并保持力量也并非难事。事实上，不需要做太多，只要不时地挑战一下自己的力量，就可以让这一过程持续下去。一些人毫不费力地将运动作为生活方式，而另一些人则将锻炼视作是一种不得不受的苦。如果你属于第二种人，那么了解需

拉斯：67 岁，运动对心情很重要

拉斯说，直到几年前，他都没有真正考虑过自己有什么身体问题。

"我年轻时喜欢打网球，定期长跑，有些年甚至还参加了几次马拉松比赛。在 20 世纪 80 年代，我们公司每周都会举行一次团体活动。坚持运动的原因是这能让我身心的感觉都越来越好。反观那些不运动的朋友，随着年纪渐长，就会变得越来越迟钝。现在我每天走 1 万步，每天早上至少做 30 个俯卧撑。我的运动没有什么特别之处，除了和我妻子一起——她是我最亲密的运动伙伴。我发现，只要穿得合适，即使是暴风雪天气，出门活动一下也会感觉很好。运动对保持好心情非常重要，当我感觉到自己耐力充沛、可以打更长时间的高尔夫、体重一直保持得很好、没有肚腩时，都会感到心情很好。"

要多少运动量才能产生积极效果也许有助于你制订每日运动计划。

在任何年龄阶段都可以强化肌肉

一个身体素质正常的人，肌肉重量会占体重的一半左右。拥有较高的肌肉量除了表明良好的健康状态以外，还会让人在日常生活中更有活力。如果腿部，尤其是大腿的肌肉强大，那么你从坐姿起身时会非常轻松。不仅如此，腿部肌肉强大能够让你和朋友们一起散步，和晚辈们踢足球，打理花园，打一整天的高尔夫，以及跳交谊舞等。这些都是生活的重要组成部分，这也是保持肌肉量对维持社交生活很重要的原因。

尽管肌肉细胞的数量不会增加，但力量训练却可以使肌肉细胞变大。肌肉细胞通常会随着年龄的增长而减少，尤其是在生命的后期，这是令人遗憾的。但这是否意味着你在年老以后就无法增强肌肉了呢？答案是否定的，这是个好消息。有大量的研究表明，即使上了年纪，也仍然可以保持身体的力量，并能使之明显增强。

我们的肌肉纤维可分为慢缩和快缩两种。其中快缩肌纤维会随着年龄的增长而减少，而这种肌纤维在我们失去平衡和需要快速动作反应时极为重要。为了训练快缩肌纤维并保持它们的数量，就需要利用比日常生活或低强度训练更高的负荷对肌肉进行训练。正如在本书前面所写的那样，步行是日常身体活动的一个非常重要的部分，但这种低强度的身体活动主要激活的是慢缩肌纤维。为了激活快缩肌纤维，需要强度更高的运动，要么加重负荷，做更多爆发力的训练，要么就延长运动的时间。

力量训练对大脑和肌肉都会产生影响

如果你从未健身过，而一开始就进行力量训练，那么力量增长会相

运动时肌肉是如何反应的？

人体的基因组中大约有 2 万个不同的基因，每一个基因都会在蛋白质组成上添上自己的一笔。蛋白质是人体大部分功能发挥作用所必需的。例如血液中携带氧气的蛋白质就是血红蛋白，使肌肉收缩产生力量并运动起来的蛋白质便是肌动蛋白和肌球蛋白。每次运动时，肌肉细胞都会变得极为活跃。运动的频繁程度和强度会导致信号的强烈程度不同。运动对身体来说是一种压力，会对肌肉中的局部环境产生影响，带给肌肉酸碱度、温度、能量供应、神经和激素信号上的变化。这会导致数百个基因被激活，让肌肉努力适应并更好地满足运动需求的增加。

当快，并有可能在短短的几次训练后就能承担更大的负荷。但这种早期的力量增加并不是因为肌肉本身在短时间内变强了，而是因为大脑传送到肌肉的信号变得更强和更有效了。大脑发送给肌肉的信号越多，肌肉能够产生的力量就越大。

在大脑和神经系统发生变化的同时，肌肉细胞本身也在发生着变化。尽管在最初几个月并不十分明显，但肌肉细胞会逐渐变大。这个过程叫作"肥大"。在力量训练中更多的是快缩肌纤维的肥大，而慢缩肌纤维的变化较小。

为增强力量而进行爆发力训练

较新的研究表明，爆发力是老年人身体功能正常运转的一个重要因素。爆发力是指肌肉迅速形成巨大力量的能力，例如，当失去平衡或从椅子上起身时，就需要这种力量来避免摔倒。这就是为什么在某些健身练习中会重点训练爆发力，这也是力量和速度的综合训练。

如果你是健身运动新手，那么不建议立即开始爆发力训练。为了进行这种体能和速度的训练，你需要具备一些基本的力量，最好是已经定期运动了一段时间。如果你已经锻炼了一段时间，便可以尝试增加重量或加快动作的速度。这是一种既有乐趣也很健康的挑战自我的方式。爆发力训练可以采取各种力量训练的形式，也可以选择各种跳跃或者抛接健身球等动作。为了在力量训练中增强爆发力，你可以尽量快速地举起相对较重的哑铃，然后缓慢地放下它。

骨质疏松症 —— 一种无声的疾病

肌肉、骨骼和关节统称为肌肉骨骼系统。肌肉通过牵动骨骼的不同部分来实现人体运动。人体的骨量通常在 30 岁时达到最大值，而骨骼中的结缔组织和矿物质越多，它们就越强壮。在整个生命过程中，骨量的积累和分解都是一个缓慢的循环过程。

骨量随着年龄增长而减少是很寻常的。骨量减少的部分原因可以解释为由于人们的活动越来越少，骨骼承受的负荷未达到维持身体健康所必需的标准。此外雌激素的缺乏也会导致骨量减少。

年龄与骨量的关系

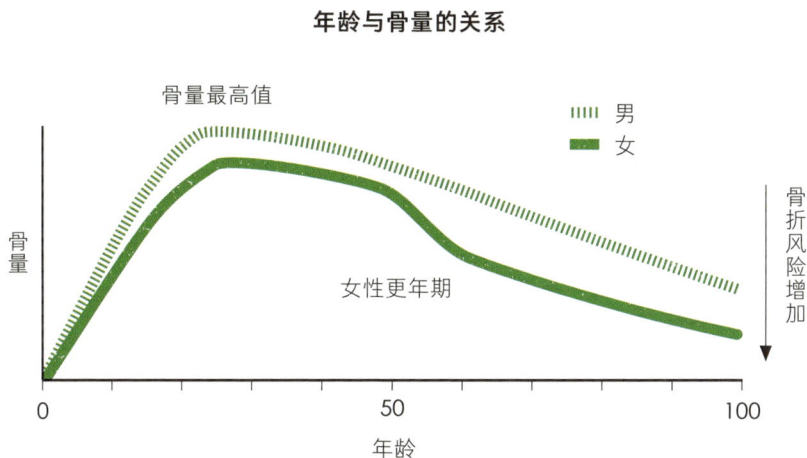

骨量最高值

|||| 男
女

骨量

女性更年期

骨折风险增加

0　　　　　　　50　　　　　　　100

年龄

骨质疏松症是一种以骨密度低和骨骼弱化为特征的骨骼疾病。骨质疏松症有时被称为一种"无声"的疾病，许多人在不知不觉中患上此病症，直到受伤或骨折后才发现。据估计，在 50 岁以上的瑞典人口中，约有 22% 的女性和 7% 的男性患有髋关节区域的骨质疏松症，多发于股骨颈。

在瑞典，每年约有 7 万人因骨质疏松症而发生骨折。这么多人的生活可能因骨折而改变，但所幸，我们还是有办法降低骨质疏松症的风险，从而预防骨折的。

用较大负荷的运动来强健骨骼

与肌肉一样，运动对骨骼同样具有保护作用。骨骼的弱化和重塑是一个相对缓慢的过程，而定期进行负重锻炼相当重要，否则骨骼的弱化速度终将超过重塑速度。

研究表明，在定期运动 6 个月后人体的骨密度就会增加。同一研究还显示，如果一个人在年轻时经常运动，那么年老时的骨密度也会更高。

不过并非任何运动都可以增加骨量。要达到这一效果，重点是在运动中加入对身体具有负荷的项目，如慢跑、跑步、跳跃、跳舞，以及力量训练。动作最好也要与在日常生活中常做的动作有所不同。游泳和骑自行车不是对抗骨质疏松症的最佳运动方式，因为骨骼需要经受较重的负荷才能强化。不过游泳和骑自行车仍然是非常好的运动方式，它们有助于心脏健康，同时还能减少患上 2 型糖尿病的风险。

进行力量训练，不必局限于健身房，也可以在家里或户外用哑铃、弹力带或是自重的方式进行。不要害怕重量，运动疲劳并不危险。恰恰相反，研究表明，与可轻松重复多次的低负重运动相比，骨骼对体能范围内只能重复几次的高负重力量训练的反应更好。

在确保身体每个部分都得到锻炼的基础上，如果你患有骨质疏松症，那么应针对薄弱的部分投入额外的努力。另外也请记得，为了避免骨折，防止跌倒同样重要。首先，要有较好的肌肉量和力量，这样肌肉的控制能力会更好。其次，最好在训练计划中加入平衡训练和力量训练，减少跌倒的风险，从而降低骨折风险。

运动对骨关节炎有益

运动对关节的好处不言而喻，如果你患有骨关节炎，运动同样会有所帮助。骨关节炎是几种关节疾病的统称，共同的症状是疼痛、软骨骨质差、关节功能下降，以及部分关节周围的骨结构发生变化。骨关节炎的常见症状是疼痛和关节僵硬。

由于身体动起来就会觉得疼，所以很多骨关节炎患者都很难达到通常建议的身体活动水平。感到疼痛就想休息是一种人体的自然反应，不过对于骨关节炎患者，情况则正好相反。运动不但不会进一步损害关节，相反，会帮助减少关节疼痛，并增加关节周围肌肉的力量。患有骨关节炎的人，行动时常常会感到疼痛，但这并不危险，应该继续尽可能地活动身体，必要时可以服用止痛药。如果实在疼痛难忍，或是在运动后的一天中疼痛持续增加，则需要调整运动计划，试着将每次运动的时间缩短一些。

为什么运动对骨关节炎如此有效？这是由于锻炼了关节周围的肌肉，使它们起到了帮助减轻患病关节的负荷以及稳定关节的作用。此外，软骨细胞在受到诸如走路这类活动带来的动态压力时，会出现生长反应。患有骨关节炎的人进行锻炼后，相关的身体组织功能也会得到改善，能够缓解疼痛。这既源于镇痛物质的释放量增加，也是因为肌肉和肌腱感觉信号的增加超过了疼痛信号。此外，运动还会增加滑膜液的分泌，从而起到缓解疼痛的作用。

所有类型的运动对骨关节炎都有益，也可以用骑行或游泳来代替徒步或慢跑，以强化下半身的肌肉。减肥对减轻关节疼痛，尤其是膝关节的骨性关节炎疼痛非常有效。不过在缓解疼痛方面，运动的作用与减重一样明显。如果你做过骨关节炎手术，或者置换过膝关节或髋关节，那么遵照理疗师或教练提供的训练计划进行锻炼是非常有益的。

实际上，骨关节炎可以发生在任何人身上。肥胖、遗传因素和关节损伤只是增加风险的几种影响因素。年龄增加、肌肉力量不足以及女性由于生理原因都会增加患上膝关节或髋关节的骨关节炎的风险。在工作中需要保持跪姿或屈膝姿势的人患上膝关节炎的风险也更大。无论怎样，一旦患上骨关节炎，都可以通过运动缓解疼痛。

运动缓解疼痛

很多老人都生活在慢性疼痛中。据研究者估计，在 70 岁以上的人群中可能有多达 40% 的人患有某种形式的慢性疼痛。疼痛是非常个体化的，很难描述，因为它完全基于个人体验。通常，处理短期疼痛比较容易，因为造成疼痛的原因往往较为明确。相较之下，长期疼痛则复杂得多，也更难处理，因为除了引发疼痛的直接因素外，导致疼痛反复发作的更有可能是其他因素。

通过运动可以预防和减少疼痛。当人感到疼痛时，不愿意弹是很正常的，但这也会形成不良循环。因此打破自我设下的限制很重要，要让身体体会到动起来并不危险。

身体存在慢性疼痛的人在刚开始运动时可能会出现疼痛加剧、肌肉紧张或者头晕的情况，不过一旦身体适应了这一新习惯，情况就会得到改善。之后，你就会感到疼痛减少，感觉更好。

为什么运动时痛感会减少？那是因为人在运动时，大脑会释放出一种与众不同的神经递质——内啡肽，具有镇痛效果。运动后疼痛减轻的另一个原因是，受疼痛影响的肌肉一旦经过锻炼，便会进入一种放松模式。

灵活性训练也可以减少疼痛。建议每天做一些拉伸运动，而不要把一切都留到一周一次的运动里。也不一定要做复杂的瑜伽练习，最重要的是要让身体动起来。

随着年龄的增长，关节的活动度往往会降低。关节活动度不仅取决于关节本身的功能，还取决于关节周围的肌肉、肌腱和韧带的功能。关节的活动度差不仅会导致关节疼痛，还会限制日常动作的幅度，降低平衡能力。

训练平衡能力，减少跌倒的风险

保持身体平衡的能力通常会随着年龄的增长而退化。因此，针对平衡能力和关节活动度进行训练是很重要的，尤其是超过 65 岁以后。

身体平衡能力可以被描述为在站立、行走、坐下或以其他方式移动身体时，控制身体运动和反应速度的能力。这是一种复杂的功能，由肌肉、肌腱和关节的各种感觉功能同时工作，内耳的平衡器官和视觉感知也起到决定性作用。大脑的几个不同部分都会参与维持身体平衡，这些部分包括运动皮层和小脑。另外，平衡也与对自身能力的信心有关。平衡能力差和自信心缺乏都是跌倒以及因此导致受伤的风险因素。

有一个简单的方法可以用来练习身体平衡：你可以不时尝试只用一条腿站立。开始单腿站立时，要睁着眼睛，并保持姿势至少 10 秒钟。当感觉轻松时，试着闭上眼睛，单腿站立，能站多久就站多久。

什么时候不适合做运动？

几乎在任何时候，运动都是一件好事，但也有少数例外的情况，称作运动禁忌期，即不适合做运动的时候。例如，如果你的心脏疾病处于不稳定的状况，或是受到严重的感染，这类情况下，在开始运动之前应该先咨询医生。如果患有骨质疏松症，尤其是病情已经影响到脊柱时，则应该避免大力度冲击性的运动（例如跳跃）或大幅度弯曲脊柱的运动（如仰卧起坐）。在绝大多数情况下，即使不是所有的运动都可以做，但总可以尝试。

平衡能力差和发生在髋部的骨折之间存在着直接关联。有研究表明，无法睁眼单腿站立 10 秒钟的老年女性，其发生髋部骨折的风险程度几乎是那些可以做到的人的 3 倍。但无论你现在处在什么年龄段，都可以通过练习平衡能力来降低骨折的风险！有了更好的身体平衡，就会降低跌倒的风险，也会使你更轻松地进行锻炼。

运动的动力和运动计划

当你读到这里时，我们希望你已经迫不及待地想开始运动了！不过在换上训练服之前，还是应该先看一些实用的建议。在最后一章，你可以了解到如何轻松开始有计划的锻炼，比如怎样从居家健身开始运动。在运动了一段时间后，你就会知道如何进行下一步以及怎样做出相应的改进。加油吧！

运动前后要进行热身与放松！

为了从运动中获得最大的收益并减少受伤风险，建议务必在运动前花时间热身，并在运动后进行调整和放松。

热身时，肌肉和肌腱的温度会升高，这对即将开始的运动是一种很好的准备。在热身时可以做一些负荷较轻的预备动作，穿插一些灵活性训练。这样既可以使你的身体暖和起来，也能让你感知一下今天的身体状态，例如是否有部位感觉僵硬，哪些肌肉有疲劳感，或是哪里觉得疼痛。

热身活动也有助于为运动做好心理准备，让注意力集中在将要进行的运动上。有必要花 10～20 分钟进行热身，慢慢开始，接近结束时可以增加一些强度。

热身可以是几分钟内交替做几种不同的动作，提高身体的温度和灵活度。例如，你可以试着这样做：

原地踏步，摆动手臂，一边踏步一边逐渐增加手臂摆动的频率。

手臂分别向前和向后划大圈。

一只脚脚趾触地向后一步，接着用脚跟触地向前一步，重复做几次后换另一只脚。

向身体一侧方向走三步，再退回来。

上身向一侧倾斜，腹肌发力，尽量保持上身伸直的状态，再重复做另一侧。

接着可以做一些接下来的运动中会出现的相同动作，如果接下来将要进行力量训练，那么热身时使用的重量最好小一些。

在运动快要结束时逐渐降低强度非常有好处，这可以使心脏和血管有时间适应心率和血压即将发生的变化。运动后的放松也很重要，其作用之一便是让血液中的乳酸水平更快地下降，这对恢复体能有好处。

运动后的放松

在腿部的静脉中存在着被称为皮瓣的物质,它们会限制血液的流动,对血液回流产生障碍。因为回到心脏的血液量将决定心脏能泵出多少血液,所以当你在做运动并使用腿部肌肉时,肌肉收缩也有助于将血液推回心脏,就像是一个额外的"心脏"。肌肉的这种功能被称为肌肉泵,有助于将血压保持在较高的水平。如果运动突然中断,肌肉泵的工作便会停止,血压也会随之短暂地快速下降,然后恢复正常。你可能体验过,在竭尽全力的情况下有时会感到头晕目眩,但过一会儿就会恢复正常,原因正是如此。通过逐渐放慢动作的速度和降低强度,可以让身体和血压跟得上变化,同时体内的压力激素也会随着运动节奏的放慢而下降。

在运动后的放松过程中可以使用与热身类似或相同的动作,但稍微降低一些强度,让心率慢慢降下来。在做完调整和放松之后躺下,让全身松弛一会儿会让人倍感舒适。

用博格量表来鼓励自己的付出

你肯定已经从理疗师或医生那里得到过不少运动相关的建议,或者在网上或杂志上找到了相应的健身计划,但对如何遵循这些建议或计划进行操作却并不清楚。应该多长时间做一次运动通常并不难计划,但在每次运动时应该用多大的力量却比较难把握。这时,你可以使用博格量表(RPE)——一种用于在进行不同运动时对体力使用情况进行分级的表格。

博格量表是由瑞典生理学教授古纳·博格(Gunnar Borg)设计的,用于医疗保健和体育领域中不同的活动场景。当你在轻快地行走、爬坡、下楼梯、打理花园或在健身房锻炼时，都可以根据这个量表来评估自己感知到的体力消耗程度。博格量表用 6 至 20 之间的数字级别，对应不同的语言表述。"完全不费力"对应数字 6，"有点费力"对应数字 13，"尽了最大努力"对应数字 20。

博格量表还可以用作你的运动记账本，记录下你变得更强壮或体能改善等运动效果。如果你在 3 ~ 4 周内增加了运动量，就会发现走一段路程或快速爬一段楼梯会更加轻松，这样在博格量表上的评分就会比之前的低。无论是哪种情况，使用一个能让人轻松看到自己在进步的量表很不错，也相当有趣。关于博格量表的更多信息，可以参见 http://borgperception.se/。

有氧运动

正如我们在"为心脏而运动"一章中所提到的，有氧运动不仅能增强心脏力量，还能提高处理日常事务的能力。因此，让它成为你日常生活的一部分，对健康有很多好处。

人类即使没有太多身体活动，也需要能量来维持我们内部器官的运转。这个能量的数值便是基础代谢率，平均为 1500 千卡 / 天，有个体差异，不过普遍分布在 1050 ~ 2500 千卡 / 天之间。1500 千卡 / 天相当于 1 卡 / 分钟或 60 千卡 / 小时。上述个体差异部分是由体重决定的，但也受到骨骼肌肌肉量的影响。肌肉量多、脂肪组织少的人新陈代谢率会更高。此外，基础代谢率会随着年龄的增长而下降，主要原因是肌肉量的减少。每增加 30 分钟的低强度体育活动，大约会消耗 150 千卡的热量，相当于基础代谢率的 10%。虽然这数值看起来很小，但如果每周重复做 5 天，持续一整年，总量就是 37500 千卡，相当于 3.5 千克脂肪组织所含的能量。即使你在运动后会多吃一点，通常也不能完全补充运动所消

不同类型的运动所消耗的能量（千卡）

身体活动 / 运动	每 30 分钟消耗的能量（低强度）	每 30 分钟消耗的能量（中等强度）
散步	150	220
爬楼梯	200	300
骑自行车	200	300 ~ 400
高尔夫（自背球杆行走）	150 ~ 200	
高尔夫（坐高尔夫球车）	130	
徒步	200	300
骑马	150	
滑雪	150	250
球拍类运动	200	350
长跑		250 ~ 450
越野滑雪	200	300 ~ 450
游泳	200	300 ~ 400
划艇	180	300
购物	150	
打理花园	150	220
砍柴	200	250
打扫房间	130	
修剪草坪	200	
平整草坪	150	
铲雪	200	250
健身操	200	300
骑健身车	200	320
划船机	200	320

耗的能量，这说明运动是保持体重的一个好方法。

通常可以用低、中、高或非常高的强度来衡量一项运动。中等强度的运动是指你的心率和呼吸都有明显增加的运动，在博格量表上的数值大约为 12～13。

前页的表格中所列的是一个体重 70 千克的人在 30 分钟内进行不同类型的运动时所需要的能量（千卡）。请注意，这些数字反映的是平均水平，而不同个体之间存在着相对较大的差异，这些差异取决于体重和运动习惯。不过与低强度运动相比，中等强度运动在相同时间内消耗的能量会更多，这对于任何人都一样。

力量训练

除了让心率上升、呼吸频率加快的室外运动，每周也要不时做一些让肌肉承受更重负荷的运动。这个负荷要比肌肉在日常生活中承受的更大，这点非常重要。如果你觉得去健身房做力量训练十分单调，可以利

力量训练	
练习项目	**锻炼的肌肉**
仰卧臀桥，双脚着地（臀与腿用力）	大腿内侧和臀部
双手置于墙壁、桌或椅上的俯卧撑	胸部和躯干
深蹲（可以选择座椅支撑）	大腿前侧和臀部
哑铃划船（使用哑铃或放置物品的购物袋）	背部和手臂
下蹲（坐在健身球上进行，保持手臂上举）	腹部和背部
站立扩胸	胸部

练习动作示例

坐在健身球上的手臂上举

坐在健身球上的扩胸

哑铃划船

（哑铃可用放有物品的购物袋代替）

仰卧臀桥

深蹲（可以选择座椅支撑）

双手置于墙壁／桌／椅上的俯卧撑

用自身重量，通过家中或外面找到的简单器械来做，这样会更容易坚持。

前页是一些你可以在家里做的力量训练，用来加强双腿、臀部和上身的力量。为达到良好的运动效果，每组运动做 12 ~ 15 次，重复 2 到 3 次。如果在训练时足够用力，重复 12 ~ 15 次后，至少会达到博格量表上的 12 ~ 13 级，这是个非常好的评估结果。其中重复次数是指你在每次间歇休息前所完成的动作次数。

在身体变得更强壮后可以适当增加难度，例如，做臀桥练习时把双脚的脚跟放在椅子上，这会使臀部上抬时更吃力，大腿后侧也会得到额外的锻炼。如果推墙做俯卧撑感觉太轻松，可以将双手放置的位置降低，如放在桌子或椅子上，最后是地板上。做哑铃划船时也可以用更重的哑铃或其他重物来增加阻力，让这个动作在完成时更费力。

BRAK 训练

参加过新兵训练的瑞典人或许都熟悉 BRAK 训练（BRAK-träning）。BRAK 是腹、背、手臂和膝盖四个瑞典语单词首字母的缩写。新兵每天都会以这种瑞典国防部队指定的身体训练开始一天的日程。训练的重点涵盖了腹、背、肩和膝盖，动作包括仰卧起坐、俯卧挺身、俯卧撑、伸展、深蹲跳、弓步蹲和靠墙静蹲等。普通人如果想完成一套 BRAK 训练，可以采用以下方案。

俯卧撑：如果你已经很久没有做俯卧撑了，可以从 1 组 10 次开始。一开始可以选择膝盖着地或脚尖着地，或者也可以像前文提到的那样双手撑在墙上做。

仰卧起坐：从 1 组 10 次开始。刚开始时可以放慢速度，也可以在脚下垫上重物，这样抬起身体时会轻松一些。

俯卧挺身：从 1 组 20 次开始。俯卧在地上，双手放在身体前方，向上支撑直到抬起上半身。

深蹲：从 1 组 20 次开始。双腿直立，下蹲至膝盖弯曲，大小腿呈 90 度直角，再站起身。如果担心膝盖力量不足而不敢尝试，可以在身后放一把椅子，下蹲至臀部接触到椅子后站起。这样一来，即使膝盖力量不足，你也不会摔倒。

根据自己的体力来决定每组动作重复几次，直到肌肉感到疲劳为止。

测试体能、力量和平衡能力！

如果你已经决定开始运动或是想改变现在运动中的某些项目来让自己变得更强壮、拥有更好的平衡能力或改善体能，那么追踪记录运动效

我开始运动的理由

库珀测试：12 分钟内跑步的距离（单位：米）					
女性年龄	较差	差	正常	良好	优秀
20～29 岁	<1500	1500～1799	1800～2199	2200～2700	>2700
30～39 岁	<1400	1400～1699	1700～1999	2000～2500	>2500
40～49 岁	<1200	1200～1499	1500～1899	1900～2300	>2300
50～65 岁	<1100	1100～1399	1400～1699	1700～2200	>2200
男性年龄	较差	差	正常	良好	优秀
20～29 岁	<1600	1600～2199	2200～2399	2400～2800	>2800
30～39 岁	<1500	1500～1899	1900～2299	2300～2700	>2700
40～49 岁	<1400	1400～1699	1700～2099	2100～2500	>2500
50～65 岁	<1300	1300～1599	1600～1999	2000～2400	>2400

果会让你客观地看到正在进行的运动有何效果，如何进一步影响和改善身体的各项功能。除了使用博格量表作为衡量运动效果的标准，还可以使用其他更客观的衡量标准。下面会介绍一些简单的测试，在家就能自行监测自己的运动效果。选择其中几项进行测试并记录下结果，用作基准值。接着在 2 到 6 个月后可以重复相同的测试，看看各方面是否有所改善。希望这些测试结果可以成为激励你持续运动的动力。

体能测试法

任何形式的步行和跑步都是不需要借助任何特殊设备的简单体能测试方式。如果你不怎么运动，那么可以先从步行测试开始。绕着确定长度的环行路段走一圈，或者去有 400 米跑道的运动场，在 6 分钟内尽可能快地走，并记录下你在这段时间内走了多少米。也可以用自行车做同样的测试，记录下 6 分钟内的骑行距离。

如果是平时有运动习惯的人，可以在跑步时做库珀测试。找一处运动场或其他长度确定的路段，先进行一下热身，然后记录下 12 分钟内跑出的最远距离。如果想对自己的表现进行分级，请记下每次跑的距离，并与前页表格中的数值进行比较。网上也有其他类似的表格。

运动几个月后再重复同样的测试，看看距离有没有变化。

力量测试法

有力的腿部对身体很多功能的发挥都大有益处。测试腿部力量的一个简单方法是做"站起测试"，即计算在 30 秒内从椅子上站起再坐下的次数，或者计算从椅子上站起坐下 5 次所需要的时长。具体测试方法是将一把椅子靠在墙上，确保稳固。接着坐在椅子的前侧，双手在身前交叉。站起身直到身体完全站立，接着再向后坐回去，坐到刚接触椅子即可，这样便完成了一次站起坐下。腿部的力量越强，在 30 秒内完成的站起坐下次数就越多。

也可以用深蹲后起身来代替站起坐下。如果下蹲时觉得身体不稳，可以先用手扶着栏杆或其他支撑物。向后蹲下至膝关节和大腿约呈 90 度角，再起身回到身体完全站立状态。数一数自己能在 30 秒内做多少个深蹲。

另一个腿部力量测试方法就是台阶测试。可以使用理疗师提供的阶梯箱、健身房里的踏步板或楼梯台阶。一只脚放在选定的台阶高度上，身体直立并直视前方；另一只脚的脚尖踮起，将身体重心转移到站在台阶上的脚上，然后慢慢直立身体，将踮起的脚踩上台阶，双脚并拢。接着换脚重复这一测试。做测试时尽量不要用手来支撑。记录下你能踏上的台阶高度，以及左右腿的结果是否有区别。

恢复力量，保持力量，永远不会为时太晚！

我们希望当你读到这本书的结尾处时，心中已确信不管之前自己是否有运动习惯，在任何时候开始运动都为时不晚。我们也希望已经成功地传达了这样一个信息：无论从什么年龄开始服用，运动这剂良药都能有效预防疾病，并提供更好的生活质量。

以下是一些总结性建议：

● 把运动和日常活动账户都填满！

减少静止不动的时间，尽量让身体活跃起来。通过做力量训练来抵消肌肉力量的流失，即让肌肉承受比日常生活中更重的负荷。

同时，有氧运动、灵活性训练和平衡训练也同样重要。

- **加重负荷！**

尝试提高基础运动量、运动速度和负重。如果你通常只举 2 千克的哑铃，那么可以试着改成 3 千克。如果你总是在平地上走路，那么下一次就可以去有起伏的路面上走走。下一次力量训练时，尝试一下更快、更有爆发力的运动，特别是针对腿部肌肉的练习，或者跳跃练习，或做一个常规动作时加快速度。

- **充分利用白天的时间！**

白天增加待在户外的时间，特别是清晨和上午，这会让你睡得更好。利用白天的时间在户外做一些运动，如果有同伴一起则更好。有研究表明，在户外的时间越长，身体活动量也会越大。因此，我们给出的建议就是如此简单：出去走走！

- **多样化饮食！**

我们的营养建议是饮食多样化 —— 每天至少吃 500 克的蔬菜和水果。多样的饮食将为你提供碳水化合物、脂肪和蛋白质，还有维生素和矿物质，这些都是维持人体机能正常运转，以及让你感觉身心舒畅并保持身体活跃所必需的营养物质。

效果追踪

如果能看到摆在眼前的运动效果，或许你会更容易让运动成为一种日常习惯，保持好心情和动力。以下列举了一些你能够自己做的简单测试，可以用来追踪自己的运动效果。可以先做一个初始测试以获得基准值，然后分别在第 1、3、6 个月后重复相同的测试。

自我测试				
	初始水平	1 个月后	3 个月后	6 个月后
步行测试 6 分钟内步行的距离				
库珀测试 （跑步 / 骑行） 12 分钟内移动的距离				
站起测试 30 秒内完成的次数				
下蹲测试 30 秒内完成的次数				
台阶测试① 登上的高度数值				
台阶测试② 一定时间内登上 18 或 36 厘米台阶的次数				
台阶测试③ 一定时间内踏上 9 厘 米踏板的次数				

参考文献

2018 Physical Activity Guidelines Advisory Committee. 2018 *Physical Activity Guidelines Advisory Committee Scientific Report*. Washington, DC: U.S. Department of Health and Human Services, 2018.

Ståhle A, et al (red.) *Fysisk aktivitet i sjukdomsprevention och sjukdomsbehandling* (FYSS 2017). Yrkesföreningar för fysisk aktivitet, Läkartidningen förlag AB, sid 1–656, december 2017.

World Health Organization. *Global recommendations on physical activity for health*. Geneva: WHO. Press, 2010.

第一章　为减龄而运动

运动 —— 一种神奇的疗愈法

Fiuza-Luces C, et al. Exercise is the real polypill. *Physiology.* 28(5):330–58, 2013.

衰老之谜

Celis-Morales CA et al. Associations of grip strength with cardiovascular, respiratory, and cancer outcomes and all cause mortality: prospective cohort study of half a million UK Biobank participants. *BMJ, 361:k1651*, 2018.

da Costa JP et al. A synopsis on aging-Theories, mechanisms and future prospects. *Ageing Res Rev. Aug; 29*:90–112, 2016.

Folkhälsomyndigheten. *Nationella folkhälsoenkäten – Hälsa på lika villkor 2018* (citerad 2019-10-14). https://www.folkhalsomyndigheten.se/folkhalsorapportering-statistik/om-vara-datainsamlingar/nationella-folkhalsoenkaten

Juul F & Hemmingson E. Trends in consumption of ultra-processed foods and obesity in Sweden between 1960 and 2010. *Public Health Nutr. 18*(17):3096–107, 2015.

Kirkwood TB. The origins of human ageing. *Philos Trans R Soc Lond B Biol Sci. Dec 29;352* (1363):1765–72, 1997.

Leong DP et al. Prognostic value of grip strength: findings from the Prospective Urban Rural Epidemiology (PURE) study. *Lancet. 18;386*(9990):266–73, 2015.

Lipsky MS & King M. Biological theories of aging. *Dis Mon. Nov;61*(11):460–466, 2015.

Paulsen G et al. Vitamin C and E supplementation hampers cellular adaptation to endurance training in humans: a double-blind, randomised, controlled trial. *J Physiol. 15;592*(8):1887–901, 2014.

Ristow M et al. Antioxidants prevent health-promoting effects of physical exercise in humans. *Proc Natl Acad Sci USA. 106*, 8665–8670, 2013.

Sahin E et al. Telomere dysfunction induces metabolic and mitochondrial compromise. *Nature. 17;470*(7334):359–65, 2011.

Samuel D et al. Age-associated changes in hand grip and quadriceps muscle strength ratios in healthy adults. *Aging Clin Exp Res. 24*(3):245–50, 2012.

Viña J et al. Theories of ageing. *IUBMB Life. 59*(4–5):249–54, 2007.

Wehrwein P. Stem cells: Repeat to fade. *Nature.* 6;492(7427):12–13, 2012.

任何时候开始运动都为时不晚

Elhakeem A et al. Physical Activity, Sedentary Time, and Cardiovascular Disease Biomarkers at Age 60 to 64 Years. *J Am Heart Assoc. 21;7*(16), 2018.

Frontera WR et al. Strength conditioning in older men: skeletal muscle hypertrophy and improved function. *J Appl Physiol. 64*(3):1038–44, 1988.

Howden EJ et al. Reversing the Cardiac Effects of Sedentary Aging in Middle Age – A Randomized Controlled Trial: Implications For Heart Failure Prevention. *Circulation. 10;137*(15):1549–1560, 2018.

Kallings LV et al. Beneficial effects of individualized physical activity on prescription on body composition and cardiometabolic risk factors: results from a randomized controlled trial. *Eur J Cardiovasc Prev Rehabil. 16*(1):80–4, 2009.

Kerr J et al. Cluster randomized controlled trial of a multilevel physical activity intervention for older adults. *Int J Behav Nutr Phys Act. 2;15*(1):32, 2018.

以小博大

Biswas A et al. Sedentary time and its association with risk for disease incidence, mortality, and hospitalization in adults: a systematic review and meta-analysis. *Ann Intern Med. 20;162*(2):123–32, 2015.

Diaz KM et al. Patterns of Sedentary Behavior and Mortality in U.S. Middle-Aged and Older Adults: A National Cohort Study. *Ann Intern Med. 3;167*(7):465–475, 2017.

Dohrn IM et al. Accelerometer-measured sedentary time and physical activity: a 15 year follow-up of mortality in a Swedish population-based cohort. *J Sci Med Sport. 21*(7):702–707, 2018.

Dohrn IM et al. Replacing sedentary time with

physical activity: a 15-year follow-up of mortality in a national cohort. *Clin Epidemiol. 25;10*:179–186, 2018.

Ekblom-Bak E et al. The Daily Movement Pattern and Fulfilment of Physical Activity Recommendations in Swedish Middle-Aged Adults: *The SCAPIS Pilot Study. PLoS One. 13;10*(5), 2015.

Ekblom-Bak E et al. Isotemporal substitution of sedentary time by physical activity of different intensities and bout lengths, and its associations with metabolic risk. *Eur J Prev Cardiol. 23*(9):967–74, 2016.

Ekelund U et al. Does physical activity attenuate, or even eliminate, the detrimental association of sitting time with mortality? A harmonised meta-analysis of data from more than 1 million men and women. *Lancet, 388*:1302–10, 2016.

Hagströmer M et al. Physical activity and inactivity in an adult population assessed by accelerometry. *Med Sci Sports Exerc. 39*:1502–8, 2007.

Koster A et al. Association of sedentary time with mortality independent of moderate to vigorous physical activity. *PLoS One.7*(6), 2012.

Latouche C et al. Effects of breaking up prolonged sitting on skeletal muscle gene expression. *J Appl Physiol. 15;114*(4):453–60, 2013.

Lim SS et al. A comparative risk assessment of burden of disease and injury attributable to 67 risk factors and risk factor clusters in 21 regions, 1990-2010: a systematic analysis for the Global Burden of Disease Study 2010. *Lancet. 380*:2224–60, 2012.

Morris JN et al. Coronary heart disease and physical activity of work. *Lancet. 265*: 1053–1057, 1953.

Sonn U et al. Instrumental activities of daily living related to impairments and functional limitations in 70-year-olds and changes between 70 and 76 years of age. *Scand J Rehab Med. 27*: 119–28, 1995.

Thorp AA et al. Sedentary behaviors and subsequent

health outcomes in adults a systematic review of longitudinal studies, 1996–2011. *Am J Prev Med.* *41*(2):207–215, 2011.

Thosar SS et al. Effect of prolonged sitting and breaks in sitting time on endothelial function. *Med Sci Sports Exerc. 47*: 843–849, 2015.

Wilmot EG et al. Sedentary time in adults and the association with diabetes, cardiovascular disease and death: systematic review and meta-analysis. *Diabetologia. 55*(11):2895–2905, 2012.

第二章 运动影响大脑

运动让人更聪明

Azevedo FA et al. Equal numbers of neuronal and nonneuronal cells make the human brain an isometrically scaled-up primate brain. J Comp Neurol. *Apr 10;513*(5):532–41, 2009.

Bae S & Masaki H. Effects of Acute Aerobic Exercise on Cognitive Flexibility Required During Task-Switching Paradigm. *Front Hum Neurosci. Jul 31;13*:260, 2019.

Erickson KI et al. Exercise training increases size of hippocampus and improves memory. *Proc Natl Acad Sci USA. Feb 15;108*(7):3017–22, 2011.

Eriksson et al. Neurogenesis in the adult human hippocampus. *Nat Med. Nov;4*(11):1313–7, 1998.

James BD et al. Total daily activity measured with actigraphy and motor function in community-dwelling older persons with and without dementia. *Alzheimer Dis Assoc Disord. Jul-Sep;26*(3):238–45, 2012.

Joubert C & Chainay H. Aging brain: the effect of combined cognitive and physical training on cognition as compared to cognitive and physical training alone - a systematic review. *Clin Interv Aging. Jul 20;13*:1267–1301, 2018.

Landrigan JF et al. Lifting cognition: a meta-analysis of effects of resistance exercise on cognition. *Psychol Res. Jan 9*, 2019.

Northey JM et al. Exercise interventions for cognitive function in adults older than 50: a systematic review with meta-analysis. *Br J Sports Med. Feb;52*(3):154–160, 2018.

Pedersen BK. Physical activity and muscle-brain crosstalk. *Nat Rev Endocrinol. Jul;15*(7):383–392, 2019.

Rockwood K & Middleton L. Physical activity and the maintenance of cognitive function. *Alzheimers Dement. 3* (2 Suppl):S38–44, 2007.

Sanders LMJ et al. Dose-response relationship between exercise and cognitive function in older adults with and without cognitive impairment: A systematic review and meta-analysis. *PLoS One. Jan 10;14*(1), 2019.

Sattler C et al. Physical fitness as a protective factor for cognitive impairment in a prospective population-based study in Germany. *J Alzheimers Dis. 26*(4):709–18, 2011.

Spalding K et al. Dynamics of hippocampal neurogenesis in adult humans. *Cell. Jun;153*(6):1219–1227, 2013.

Yaffe K et al. A prospective study of physical activity and cognitive decline in elderly women: women who walk. *Arch Intern Med. Jul 23;161*(14):1703–8, 2001.

运动 —— 一种天然的愉悦剂

Agudelo LZ et al. Skeletal muscle PGC-1α1 modulates kynurenine metabolism and mediates resilience to stress-induced depression. *Cell. Sep 25;159*(1):33–45, 2014.

Ashdown-Franks G et al. Exercise as Medicine for Mental and Substance Use Disorders: A Meta-review of the Benefits for Neuropsychiatric and Cognitive Outcomes. *Sports Med. Sep 20*, 2019.

Carek PJ et al. Exercise for the treatment of

depression and anxiety. *Int J Psychiatry Med.* *41*(1):15–28, 2011.

Cervenka I et al. Kynurenines: Tryptophan's metabolites in exercise, inflammation, and mental health. *Science. Jul 28;357*(6349), 2017.

Erickson KI et al. The aging hippocampus: interactions between exercise, depression, and BDNF. *Neuroscientist. 18*:82–97, 2012.

Ernst C et al. Anti-depressant effects of exercise: evidence for an adult-neurogenesis hypothesis? *J Psychiatry Neurosci. 31*:84–92, 2006.

Eyre H & Baune BT. Neuroimmunological effects of physical exercise in depression. *Brain Behav Immun. 26*:251–66, 2012.

Gujral S et al. Exercise effects on depression: Possible neural mechanisms. *Gen Hosp Psychiatry. Nov;49*:2–10, 2017.

Ignácio ZM et al. Physical Exercise and Neuroinflammation in Major Depressive Disorder. *Mol Neurobiol. Jun 21*, 2019.

Mata J et al. BDNF genotype moderates the relation between physical activity and depressive symptoms. *Health Psychol. 29*:130–3, 2010.

Sartori CR et al. The antidepressive effect of the physical exercise correlates with increased levels of mature BDNF, and proBDNF proteolytic cleavage-related genes, p11 and tPA. *Neuroscience. 180*:9–18, 2011.

Schuch FB et al. Exercise as a treatment for depression: A meta-analysis adjusting for publication bias. *J Psychiatr Res. Jun;77*:42–51, 2016.

Wegner M et al. Effects of exercise on anxiety and depression disorders: review of meta- analyses and neurobiological mechanisms. *CNS Neurol Disord Drug Targets. 13*(6):1002–14, 2014.

为解压、助眠而运动

Erickson KI et al. The aging hippocampus:

interactions between exercise, depression, and BDNF. *Neuroscientist. 18*(1):82–97, 2012.

Gerber M et al. Physical activity in employees with differing occupational stress and mental health profiles: a latent profile analysis. *Psychol Sport Exerc. 15*:649–58, 2014.

Gerber M & Pühse U. Review article: do exercise and fitness protect against stress-induced health complaints? A review of the literature. *Scand J Public Health. 37*(8):801–19, 2009.

Gursoy AY, Kiseli M, Caglar GS. Melatonin in aging women. *Climacteric.18*(6):790–6, 2015.

Institutet för Stressmedicin. *ISM:s definition på stress* (nedladdad 2019-10-22). https://www.vgregion.se/ov/ism/stress-rad-och-behandling/vad-ar-stress/definition-pa-stress/

Jonsdottir IH & Sjörs Dahlman A. Endocrine and immunological aspects of burnout: a narrative review. *Eur J Endocrinol. Mar 1;180* (3):R147–R158, 2019.

Kredlow MA et al. The effects of physical activity on sleep: a meta-analytic review. *J Behav Med. 38*(3):427–449, 2015.

Reid KJ et al. Aerobic exercise improves self-reported sleep and quality of life in older adults with insomnia. *Sleep Med. 11*(9):934–40, 2010.

Rimmele U et al. Trained men show lower cortisol, heart rate and psychological responses to psychosocial stress compared with untrained men. *Psychoneuroendocrinology. 32*(6):627–35, 2007.

Tsatsoulis A & Fountoulakis S. The protective role of exercise on stress system dysregulation and comorbidities. *Ann N Y Acad Sci. 1083*:196–213, 2006.

Wikgren M et al. Short telomeres in depression and the general population are associated with a hypocortisolemic state. *Biol Psychiatry. Feb 15;71*(4):294–300, 2012.

参考文献

第三章　运动是一剂良药

为心脏而运动

Barengo NC et al. Different forms of physical activity and cardiovascular risk factors among 24–64-year-old men and women in Finland. *Eur J Cardiovasc Prev Rehabil. 13*(1):51–9, 2006.

Dimeo F et al. Aerobic exercise reduces blood pressure in resistant hypertension. *Hypertension. 60*(3):653–8, 2012.

Eicher JD et al. The additive blood pressure lowering effects of exercise intensity on post-exercise hypotension. *Am Heart J. 160*(3):513–20, 2010.

Emtner M & Larsson K. Motion minskar de ansträngningsutlösta andningsbesvären vid astma. *Läkartidningen. Nr 9, Volym 102*, 2005.

Heran BS et al. Exercise-based cardiac-re-habilitation for coronary heart disease. *Cochrane Database Syst Rev. 7*:CD001800, 2011.

Higashi Y et al. Regular aerobic exercise augments endothelium-dependent vascular relaxation in normotensive as well as hypertensive subjects: role of endothelium-derived nitric oxide. *Circulation. 100*(11):1194–202, 1999.

Housley E. Treating claudication in five words. *Br Med J. 296*(6635):1483–4, 1988.

Hjalmarson A. Rökstopp inför operation minskar risk för komplikationer. *Läkartidningen. 5;111*(29-31):1232–4, 2014.

Hjärt-Lungfonden. *Hjärtrapporten 2017* (nedladdad 2019-10-14). https://www.hjart-lungfonden.se/Documents/Rapporter/Hjärtrapporten_2017%20slutversion_ny.pdf

Huang G et al. Dose-response relationship of cardiorespiratory fitness adaptation to controlled endurance training in sedentary older adults. *European Journal of Preventive Cardiology. 23*(5):518–529, 2016.

Katsanos CS. Prescribing aerobic exercise for the regulation of postprandial lipid metabolism: current research and recommendations. *Sports Med. 36*(7):547–60, 2006.

Kraus WE et al. Effects of the amount and intensity of exercise on plasma lipoproteins. *N Engl J Med. 347*(19):1483–92, 2002.

Marzolini S et al. Effect of combined aerobic and resistance training versus aerobic training alone in individuals with coronary artery disease: a meta-analysis. *Eur J Prev Cardiol. 19*(1):81–94, 2012.

Naci H & Ioannidis JPA. Comparative effectiveness of exercise and drug interventions on mortality outcomes: metaepidemiological study. *BMJ 347*:f5577, 2013.

Park S et al. Accumulation of physical activity leads to greater blood pressure reduction than a single continuous session, in prehypertension. *J Hypertens. 24*:1761–70, 2006.

Tambalis K et al. Responses of blood lipids to aerobic, resistance, and combined aerobic with resistance exercise training: a systematic review of current evidence. *Angiology. 60*(5):614–32, 2009.

Yusuf S et al. Effect of potentially modifiable risk factors associated with myocardial infarction in 52 countries (the INTERHEART study): case-control study. *Lancet. 364*(9438):937–52, 2004.

Åkesson A et al. Low-risk diet and lifestyle habits in the primary prevention of myocardial infarction in men: a population-based prospective cohort study. *JACC, 30;64*(13):1299–306, 2014.

运动降低血糖

Boule NG et al. Effects of exercise on glycemic control and body mass in type 2 diabetes mellitus: a meta-analysis of controlled clinical trials. *JAMA. 286*: 1218–77, 2001.

Chudyk A & Petrella RJ. Effects of exercise on cardiovascular risk factors in type 2 diabetes: a meta-analysis. *Diabetes Care. 34*:1228–37, 2011.

Dunstan DW et al. Breaking up prolonged sitting reduces postprandial glucose and insulin responses. *Diabetes Care. 35*:976–83, 2012.

Ekblom-Bak E et al. Isotemporal substitution of sedentary time by physical activity of different intensities and bout lengths, and its associations with metabolic risk. *European Journal of Preventive Cardiology. 23*(9) 967–974, 2016.

Figueira FR et al. Aerobic and combined exercise sessions reduce glucose variability in type 2 diabetes: crossover randomized trial. *PLoS One. 8*(3):e57733, 2013.

Hawley JA & Lessard SJ. Exercise training-induced improvements in insulin action. *Acta Physiol. 192*:127–35, 2008.

Irvine C & Taylor NF. Progressive resistance exercise improves glycaemic control in people with type 2 diabetes mellitus: a systematic review. *Aust J Physiother. 55*:237–46, 2009.

Snowling NJ & Hopkins WG. Effects of different modes of exercise training on glucose control and risk factors for complications in type 2 diabetic patients: a meta-analysis. *Diabetes Care. 29*(11):2518–27, 2006.

van Dijk JW et al. Both resistance- and endurance-type exercise reduce the prevalence of hyperglycaemia in individuals with impaired glucose tolerance and in insulin-treated and non-insulin-treated type 2 diabetic patients. *Diabetologia. 55*:1273–82, 2012.

Zierath JR. Invited review: Exercise training-induced changes in insulin signaling in skeletal muscle. *J Appl Physiol (1985). 93*:773–81, 2002.

爱运动的人罹患癌症的风险低于不运动的人

Anand P et al. Cancer is a preventable disease that requires major lifestyle changes. *Pharm Res. 25*(9):2097–116, 2008.

Boyle T et al. Physical activity and risks of proximal and distal colon cancers: a systematic review and meta-analysis. *J Natl Cancer Inst. 104*(20):1548–61, 2012.

Cramp F & Byron-Daniel J. Exercise for the management of cancer-related fatigue in adults. *Cochrane Database Syst Rev. 11*:CD006145, 2012.

Cramp F et al. The effects of resistance training on quality of life in cancer: a systematic literature review and meta-analysis. *Support Care Cancer. 18*(11):1367–76, 2010.

Friedenreich CM & Cust AE. Physical activity and breast cancer risk: impact of timing, type and dose of activity and population subgroup effects. *Br J Sports Med. 42*(8):636–47, 2008.

Mijwel et al. Highly favorable physiological responses to concurrent resistance and high-intensity interval training during chemotherapy: the OptiTrain breast cancer trial. *Breast Cancer Res Treat. 169*(1):93–103, 2018.

Mishra SI et al. Exercise interventions on health-related quality of life for people with cancer during active treatment. *Cochrane Database Syst Rev. 8*: CD008465, 2012.

Strasser B et al. Impact of resistance training in cancer survivors: a meta-analysis. *Med Sci Sports Exercise. 45*(11):2080–90, 2013.

World Cancer Research Fund. Continuous Update Project Report. *Food, Nutrition, Physical Activity, and Breast Cancer 2017* (nedladdad 2019-10-14). https://www.wcrf.org/sites/default/files/Breast-Cancer-2017-Report.pdf

Wu Y et al. Physical activity and risk of breast cancer: a meta-analysis of prospective studies. *Breast Cancer Res Treat. 137*(3):869–82, 2013.

强健且充满活力

Batt ME et al. Exercise at 65 and beyond. *Sports Med. 43*: 525, 2013.

Baxter-Jones AD et al. Bone mineral accrual from

8 to 30 years of age: an estimation of peak bone mass. *J Bone Miner Res. 26*(8):1729–39, 2011.

Bohannon RW et al. Decrease in timed balance test scores with aging. *Phys Ther. 64*(7):1067–70, 1984.

Chastin SF et al. Associations between objectively-measured sedentary behaviour and physical activity with bone mineral density in adults and older adults, the NHANES study. *Bone. 64*:254–62, 2014.

Churchward-Venne TA et al. There are no nonresponders to resistance-type exercise training in older men and women. *J Am Med Dir Assoc. 1; 16*(5): 400–11, 2015.

Frändin K & Grimby G. Assessment of physical activity, fitness and performance in 76- year-olds. *Scand J Med Sci Sports. 4*(1):41–6, 1994.

Gillespie LD et al. Interventions for preventing falls in older people living in the community. *Cochrane Database Syst Rev. 9*:CD007146, 2012.

Lanyon L & Rubin CT. Static versus dynamic loads as an influence on bone remodelling. *J Biomech. 1984;17*(12):897–905, 1984.

Lexell J et al. What is the cause of ageing atrophy? Total number, size and proportion of different fiber types studied in whole vastus lateralis muscle from 15- to 83-year-old men. *J Neurol Sci. 84*(2–3): 275–94, 1988.

Lundin H et al. One-leg standing time and hip-fracture prediction. *Osteoporos Int. 25*:1305–11, 2014.

Nikander R et al. Targeted exercise against osteoporosis: A systematic review and meta-analysis for optimising bone strength throughout life. *BMC Med. 8*:47, 2010.

Reid KF & Fielding RA. Skeletal muscle power: a critical determinant of physical functioning in older adults. *Exerc Sport Sci Rev. 40*(1):4–12, 2012.

Sherrington C et al. Effective exercise for the prevention of falls: a systematic review and meta-

analysis. *J Am Geriatr Soc. 56*(12):2234–43, 2008.

Stathokostas L et al. Flexibility training and functional ability in older adults: a systematic review. *J Aging Res. 2012*:306818, 2012.

Støren Ø et al. The Effect of Age on the VO2max Response to High-Intensity Interval Training. *Medicine & science in sports & exercise. 49*(1): 78–85, 2017.

Teasdale N et al. On the cognitive penetrability of posture control. *Exp Aging Res. 19*(1):1–13, 1993.

Tschopp M et al. Is power training or conventional resistance training better for function in elderly persons? A meta-analysis. *Age Ageing. Sep;40*(5):549–56, 2011.

Tanaka H et al. Age-predicted maximal heart *rate revisited. J Am Coll Cardiol. 37*(1):153–6, 2001.

Chodzko-Zajko WJ et al. American College of Sports Medicine position stand. Exercise and physical activity for older adults. *Med Sci Sports Exerc. 2009;41*(7):1510–30, 2009.

附录　运动的动力和运动计划

Andersson,G, Forsberg A & Malmgren S. *Konditionstest på cykel. Testledarutbildning.* Stockholm: SISU Idrottsböcker; 2005.

Bean JF et al. The 6-minute walk test in mobility-limited elders: what is being measured? *J Gerontol A Biol Sci Med Sci. 57*(11):M751–6, 2002.

Butland RJ et al. Two-, six-, and 12-minute walking tests in respiratory disease. *Mr Med J (Clin Res Ed). 284*(6329):1607–8, 1982.

Goldberg A et al. The five-times-sit-to-stand test: validity, reliability and detectable change in older females. *Aging Clin Exp Res. 24*(4):339–44, 2012.

Jones CJ et al. A 30-s chair-stand test as a measure of lower body strength in community-residing older adults. *Res Q Exerc Sport. 70*(2):113–9, 1999.

Van Hooren B & Peake JM. Do We Need a Cool-Down After Exercise? A Narrative Review of the Psychophysiological Effects and the Effects on Performance, Injuries and the Long-Term Adaptive Response. *Sports Med. 48*(7):1575–1595, 2018.

Nyberg LA et al. Repeatability and validity of a standardised maximal step-up test for leg function – a diagnostic accuracy study. *BMC Musculoskelet Disord. 12*:191, 2011.

参考文献

致谢

非常感谢出版公司的负责人塞西莉娅·维克隆德（Cecilia Viklund）和编辑托马斯·伦德瓦尔（Thomas Lundvall）让我们有机会写出这本书，在此过程中也得到了他们的鼎力相助。

特别感谢自由编辑安娜-列娜·彼得松（Anna-Lena Pettersson），她的工作使我们的文字更易理解和阅读。同时还要感谢明娜·通贝里耶（Minna Tunberger）在这本书手稿阶段的付出。

感谢米凯尔·恩布卢姆（Mikael Engblom）为本书绘制插图并进行美术设计。

还要感谢莉娜·马丁松（Lina Martinsson）和布·吕德奎斯特（Bo Rydqvist）阅读了一部分手稿并提供了睿智而宝贵的改进意见。

我们也要感谢每位有幸采访到的受访者，他们慷慨地分享了自己的故事，讲述了运动的经历和运动对他们一生的意义。你们将给予更多人鼓舞！

最后同样重要的是，感谢我们各自的家人一直以来的支持！谢谢汉普斯（Hampus）、胡戈（Hugo）、尤莉娅（Julia）和莱纳斯·诺布姆（Linus Norrbom）以及凯（Kay）、理查德（Richard）、安娜（Anna）和埃里克·桑伯（Erik Sundberg）。

图书在版编目（CIP）数据

我开始运动的理由 / (瑞典) 卡尔·约翰·松德贝里，
(瑞典) 杰茜卡·诺尔布姆著；虞军译 . -- 北京：九州
出版社，2023.2（2025.10 重印）

ISBN 978-7-5225-1425-3

Ⅰ.①我… Ⅱ.①卡… ②杰… ③虞 Ⅲ.①运动训
练 Ⅳ.① G808.1

中国版本图书馆 CIP 数据核字 (2022) 第 218855 号

Text © Carl Johan Sundberg & Jessica Norrbom 2019
Graphic design and collages: Mikael Engblom
Original title: Stark hela livet
First published by Bonnier Fakta, Stockholm, Sweden
Published in the Simplified Chinese language by arrangement with Bonnier Rights, Stockholm,
Sweden and The Grayhawk Agency Ltd.

著作权合同登记号：图字：01-2023-0602

我开始运动的理由

作　　者	［瑞典］卡尔·约翰·松德贝里　［瑞典］杰茜卡·诺尔布姆 著　虞　军 译
责任编辑	周　春
封面设计	墨白空间·陈威伸
出版发行	九州出版社
地　　址	北京市西城区阜外大街甲 35 号（100037）
发行电话	（010）68992190/3/5/6
网　　址	www.jiuzhoupress.com
印　　刷	河北中科印刷科技发展有限公司
开　　本	690 毫米 × 960 毫米　　16 开
印　　张	9
字　　数	105 千字
版　　次	2023 年 2 月第 1 版
印　　次	2025 年 10 月第 3 次印刷
书　　号	ISBN 978-7-5225-1425-3
定　　价	52.00 元